刘浩冰 —— 著

普及美学传播学

Universal Aesthetic

Communication

ZHEJIANG UNIVERSITY PRESS
浙江大学出版社
·杭州·

图书在版编目(CIP)数据

　　普及美学传播学 / 刘浩冰著. -- 杭州 ： 浙江大学出版
社，2022.9（2023.1重印）
　　ISBN 978-7-308-22806-0

　　Ⅰ．①普… Ⅱ．①刘… Ⅲ．①美学－传播学－研究Ⅳ.
①B83②G20

　　中国版本图书馆CIP数据核字(2022)第116584号

普及美学传播学

刘浩冰　著

责任编辑	张　婷
责任校对	顾　翔
封面设计	violet
出版发行	浙江大学出版社
	（杭州市天目山路148号　　邮政编码　310007）
	（网址：http://www.zjupress.com）
排　　版	杭州林智广告有限公司
印　　刷	广东虎彩云印刷有限公司绍兴分公司
开　　本	880mm×1230mm　1/32
印　　张	7.75
字　　数	156千
版 印 次	2022年9月第1版　2023年1月第2次印刷
书　　号	ISBN 978-7-308-22806-0
定　　价	48.00元

浙江大学出版社市场运营中心联系方式：0571-88925591；http://zjdxcbs.tmall.com

Contents
目 录

绪　论

　　中国古代传统的学问拥有其自足自洽的体系，在本源上都是围绕天展开的，其核心关键在于理顺天人之间的关系。天称道，亦称理，亦称心。称谓不同，学者的思想体系建构也有差异。学者烟火接续，以最高序令为基础，设计出兼容允洽的思想体系，以更简捷合理的路径通往最高序令。从这个意义上讲，天下所有学问都是关乎天的学问，天命观就是其思想根脉。儒家认为，"天命之谓性，率性之谓道，修道之谓教"，"大学之道在明明德，在亲民，在止于至善"。这两句话在总体上尽述其思想主旨和方法路径。尽管古人承认天为绝对、唯一，但又认为天奉行以人为本的观点主张——"天地之性人为贵"，认为将自己的事情做好便是守住本分。万物承续天命而彰显自性，人以己为器率己之性、尽己之性便是呈显天道。其外在的实际体现就是各归其位，也就是我们常说的"天人合一"。其实，道家也倡导天人合一，只是主张从天出发，无为而无不为，将人为外加之力去掉，顺服于天之道、自然之道。佛家以自我为本体，采用否定隔绝的方式呈现人的自本性，不言真理却能觉悟真理。思想体系就是方法论。因有理的存在，故而万事万物皆能贯通。天理是固有先在的，人尽性行事是天理的直接体现，这便是知行合一。古人奉儒家思想为正统，恰恰是因为它为个体通往真理提供了更为便捷的路径，并使个体呈现更多发展的可能性。

中国古代的学问万变不离其宗。"天何言哉？四时行焉，百物生焉。"天就是客观的事实存在，这是一切学科的本源性基础。因个人的生活环境不同，性情根底迥然，兴趣爱好有别，观察认知不尽然相同，由此个人研究的旨趣、方向、维度呈现诸般差异。在古代，图书以"经史子集"为四部分类，由此便可从整体上窥观古代学术体系大端，以小学（文字学）为基础，以儒家思想为指导，历史、文学呈其大观，兼及诸子百家、三教九流。该体系一直延续，传至晚清，其突出优点是本末清楚、纲张目举，归于一统。因此，中国古代有系统性、整体性的学术思想观念，当下的诸学科门类知识都能从根本上循到源头，只是没有所言及的学科名称而已。美学、传播学等现代西方舶来学科也概作如是观。如：美的第一层次是客观美的存在，第二层次是人的审美觉知、品鉴；传播的第一层次是客观存在、发生的传播事实，第二层次是以人为主体的传播实践；……如此，不一而足。显然，无论美学、传播学，其第一个层次都不以个人的意志为转移。值得一提的是，人的出现也是客观存在的事实，所以人既是美的客观事实呈现，也是传播的事实表现。唯一不同的是，在人诞生之后，人的主体能动性便鲜明体现在对客观本来事实的追摹靠近上。至善至美的是天，人以自性固有之美为基础成长，本质上是在传播美。个人因根性不同，在社会秩序中序分高下。古代皇帝的品级最高，直接供奉天，百官奉养皇帝，百姓供奉百官，上下尊卑，节节有序。

晚清以来，清王朝政权崩塌，皇帝承天的制度被推翻了，天人隔绝。五四以后，知识分子接纳西方的知识体系，通过现代化的知识和信息来教化大众，致力于对国富民强之路的探索。事实上，追溯西方学术的发展渊源，西方自多神教时代到一神教确立以后，理性主义观念传统影响至为深远。文艺复兴以来，强调重新发现人的力量，人以理性路径通向最高序令。与此同时，自然科学的进步拓展着人的感性认知，在此基础上科学主义渐成潮流。理性主义要求把感性主义的范围对象涵括在内，科学主义则激发着以实验实证的方式持续拓延着人的认知。近代以来，西方的学科知识谱系便是主要在这几股力量的交织中形成的。西方学术在理性主义发展路径下，从中世纪以前的神本主义发展到近代的人本主义后，从本体论开始转向认识论，到现当代又转向了语言论的分析。西方学术发展历程已然表明，单纯依循理性主义的研究路径并不能解决学问的本体问题。即便是实证主义分析也只能得出相对的准确事实，最终又回到了语言学的基础性指向性研究上。汉字与西方的拼音语言符号也有本质性不同。汉字的起源是"天垂象"，西方的拼音语言符号起源目前却难能解释清楚。这实际上又回归到了本源问题进行思考。

所谓学科，便是分科之学，是人认识世界广化、深化、细化的体现。西方学问从本体论转向认识论之后，现象性的分科研究日渐门类界限清晰、丰富而细密，远超中国传统的知识分类，走在了世界前列。自五四以来，中国的知识体系、学科体系便深受西方影响，无论是美学、传播学皆趋步于西方学术研究的后尘。既然学术体系已然发展到了如此阶段，我们自然不能舍弃几百年来学科发展的优秀成果，而应在分科学术体系的现状下，从本源上对其进行接续推进。历经几十年的发展，我们当下的学术、学科知识体系已近齐备，在诸多方面也位居世界前列。但是我们继续沿循西方的学术发展路径显然不能体现自己的固有特色。前边我们说过，中国古代学问以人为本，当下也是一以贯之。无论人文社会科学，还是哲学社会科学，甚至是自然科学，在本质上都是关乎人的研究。我们无法全知全能，多是依据自己的环境，基于自身的天赋状况、兴趣爱好做出有限力的探研。学科只是研究的方向有别，学科手段也是基于特定研究对象的特性，进而采用合适的解决问题方式。学术研究从本质根源上讲，都是在追求真善美。故而，接续中国固有传统，从各学科维度追溯本源，建构中国特色、中国气派、中国风格的学术体系，恰恰是摆在我们面前的任务所在。很显然，客观的事实本身是全部学科存在发展的基础，故而真善美是客观存的。探索中国美学的独有发展特色、中国美学的发展路径便是美学研究的任务。

邱伟杰先生多年来一直从事美学研究工作，他基于实践与体悟心得，提出了"本来美"的学术观点，开创出美学研究的新范式。"你本来是美的，你的美还需要成长"，奠定了普及美学学科发展的理论基础。作为学科带头人，邱伟杰围绕"本来美"开展普及美学学科建设，成就突出。首先，他厘清了西方美学概念中"Aesthetics（情感认知）"与中国美学中"品质学"的内在意涵，认为中国美学是一门关于"品质学"的学问，中国美学是东方艺术哲学的分支。其次，邱伟杰积极探索普及美学与其他相关学科的交叉实践，将普及美学与经济学相结合，提出了"快乐经济学"的前瞻性观点。他认为以追求快乐为生活目标，以本来美为基础的兴趣、爱好带来的满足将激发新的需求，这也成为未来新经济发展的模式参照。由此也激发出他对美学与其他相关学科进行交叉拓展的构想。

邱伟杰的学术成就鲜明体现在《美的人》《味的人》《普及美学原理》等著作中。他的理论著作《普及美学原理》系统阐发了普及美学的核心理论，并在总体上勾绘出了普及美学学科建设的规划蓝图，于当今美育事业颇具开创性意义。他认为，美普存于万物中，能贯通一切，我们坚持以人为本，就应坚持自性本美的成长发展。其实，将美作为本体，便为"以人作为研究对象"的诸学科提供了本源性发展依据。传播学的发展亦不离人的自性本美基础。本书便是在普及美学学科整体架构下的探索与尝试。在此，我们也期待将来有更多关于普及美学研究的作品面世。

第一编

普及美学

第一章　普及美学的提出

　　学者邱伟杰首倡"普及美学"，他廓清了西方美学概念"Aesthetics"中情感认知与中国美学概念中品质性的内在意涵，认为中国美学是东方艺术哲学的分支，开创出美学研究的新范式。

一、西方美学观念的发展渊源

　　中西美学观念在起步阶段就呈现迥然异途。学者多认同西方美学观念肇端于古希腊，因其具有深厚的宗教神话基础，以"奥林匹亚诸神的宗教"和"神话崇拜"[①]为大观。追溯其源始，美学的史前史实则蕴含更为丰硕的历史渊源。人类社会踏入文明门槛，最早处于多神教时代，文字被视为主要标志之一，这也被视为美学观念诞生的重要标识。因希腊字母源自腓尼基字母，腓尼基字母更有闪米特人语言的发展渊源，所以追溯闪米特人历

---

　　① ［美］弗兰克·梯利：《西方哲学史》，贾辰阳等译，光明日报出版社2014年版，第5页。

史及其语言的演变便具有西方美学观念诞生的源头性意义。

新石器时代西亚兴起的闪米特人①，又称塞姆人或塞人，主要包括后来的阿拉米人、亚述人、阿摩利人、希伯来人和腓尼基人等，以西亚两河流域的叙利亚和巴勒斯坦地区为基地，以使用共同的语言为特征，逐渐扩散到两河流域中下游的亚洲、非洲和欧洲地域。他们是现代欧洲人的祖先之一，后人多称其为闪族。初民社会，人神之间沟通交互的过程便是人神秩序确立的过程，同时也是美学观念诞生萌发的过程。在早期闪米特人眼中，众神有特定的空间范围，草木丛或棕榈树林等自然物是神的居所。②同时，闪米特人信奉万物皆有"神性"，并流传有神、人、动植物间相互转化变形的神话。③人神秩序混杂是早期闪米特人多神信仰的显著特征。

在人神交互的过程中，美学观念渐生。除却闪米特人，其他土著居民也如出一辙。公元前5000年，两河流域的欧贝德人已经在用泥砖建造村落，修建宏伟的神庙奉祀诸神。因人将至高至美之物敬奉神灵，早期美学观念便在艺术领域萌生长成。公元前4000年，苏美尔人来到两河流域南部地区，定居耕种，聚集建城，并发明了最早的楔形语言符号，自此美可以经由书面符号传达。最早的楔形语言符号是用来记录人对诸神的奉祀，又因有限的泥版空间难以容纳供奉物品的数量，这便催逼着早期符号简化演变。楔形语言符号尽管有象形成分，背后却呈现数的思维或材料的

---

① 目前多数学者认同闪族起源于两河流域，部分学者认为闪族起源于今天非洲的埃塞俄比亚，并在公元前10000年至公元前9000年时穿越阿拉伯沙漠抵达黎凡特。

② W. Robertson Smith: The Religion of the Semites, Transaction Publisher, 2002, p.94.

③ 罗杨：《罗伯森·史密斯论闪米特人的献祭与共同体》，《南方文物》2021年第1期。

思维。

苏美尔人仍然信奉多神教，水被奉为万物之母，水诞下天和地，天地结合成为天地之神安启，安启生大气神恩利尔，恩利尔安排宇宙万物[1]，自此人神秩序逐渐确立。苏美尔人内斗之时，北方闪米特人在阿卡德地区发展壮盛，国王萨尔贡一世趁机征服苏美尔人，并实现了从东部埃兰到西部巴勒斯坦、从地中海到波斯湾的统一。闪米特人借用苏美尔人的楔形语言符号管理城市国家，并继续尊奉苏美尔人的神灵。在阿卡德王国灭亡后，古提人占领了巴比伦尼亚地区，其后便是操闪米特语的阿摩利人登上两河流域的舞台，"另两支迦南人分别进入腓尼基和巴勒斯坦"。[2]楔形语言符号在两河流域一度延续到波斯帝国灭亡而消逝不复使用，楔形语言符号系统后来为腓尼基字母、希腊字母所接续传承。但是，闪米特语伴随闪米特人的迁徙流布而传承演变，同时呈现出以语音为基础借用字母符号的发展过程，进而趋于定型。因口语传布呈现大众普遍性，故而西方早期美学观念并未呈现专属于统治阶层的典型秩序特征。闪米特人进入埃及后，闪米特语又借用了埃及的象形语言符号。公元前 2000 年后的千年间，闪米特人沿埃及商路，经西奈半岛直抵迦南和阿拉伯半岛。在西奈半岛，他们发明了最早的字母语言符号——西奈语言符号，出土的字母符号明显带有埃及象形语言符号特征。其后接续演进而来的迦南字母更为简洁，易于学

---

[1]　孙承熙：《东方神话传说》第2卷《西亚、北非古代神话传说》，北京大学出版社1999年版，第121页。
[2]　于殿利：《巴比伦与亚述文明》，北京师范大学出版社2013年版，第16页。

习，并于公元前 1200 年传给腓尼基人。^①希腊人又在腓尼基字母的基础上加以改进，加入了元音规则，发展成为希腊字母。此前，闪米特字母只表示辅音，不表示元音，属于音节性的辅音字母，希腊字母开始变为音素字母，读音趋于准确化，字母符号与语音趋于定型^②。因语言符号定型使文明发展呈现确定性，从这一角度也能解释后世学者多将古希腊作为西方美学发展源头的内在逻辑。

古希腊依然处于多神教时代，其最为突出的表现是希腊神话。"希腊神话不只是希腊艺术的武库，而且是它的土壤。"^③从旧神谱系到新神谱系的发展确立，同样见证着多神信仰下诸神有序归位的过程，以及相向而行的美学观念发展。仅就我们熟知的奥林匹斯诸神新谱中，宙斯为众神之主，诸神各有管属，人神秩序井然。诸神英雄备受人类尊奉，美学观念也在人神沟通交互中成长见证。考古资料发现，古希腊文化在新石器时代已有土著人零星出现，文明曙光初现较晚。受闪米特人西进影响，爱琴海的早期克里特人明显带有西亚人特征，古希腊文明也浸染有两河流域和古埃及文明因子，如古希腊线形符号就深受埃及象形符号影响。公元前 2000年，古希腊文明便以克里特文明著称，并因米诺斯宫殿而闻名。被后人誉为宙斯之子的米诺斯统一希腊，以神的名义辖管克里特岛，集沟通神

　　①　大卫·萨克斯：《伟大的字母：从A到Z字母表的辉煌历史》，慷慨译，花城出版社2008年版，第7—36页。
　　②　公元前8世纪，埃特鲁斯坎人学习希腊字母，将之改进为埃特鲁斯坎字母。公元前7世纪，埃特鲁斯坎字母发展成为拉丁文。罗马帝国征服欧洲和中东后，拉丁文成为通用的官方语言。
　　③　中共中央马克思 恩格斯 列宁 斯大林著作编译局编：《马克思恩格斯选集》第2卷，人民出版社1972年版，第113页。

灵、司法审判、行政管理于一身，美的观念集中体现于祭祀、建筑、艺术及黄金青铜器物上。公元前15世纪时，迈锡尼人入侵克里特岛，希腊跨入迈锡尼文明时代。当时，城邦林立，并多以金器为显著特征，奥林匹斯新神体系正式形成，神祇崇拜更为盛行，这也鲜明体现在后来的《荷马史诗》中。诗用来记述神意，人以虔敬之心迎接神临并完成交互，其中"灵魂和净化、灵感和迷狂、厄罗斯、美，以及对以诗为代表的文艺的源泉、目的、价值、永恒性、作用、起源等的观点"①与西方美学思想演进息息关联。古希腊历经多利亚人入侵的"英雄时代"后，在公元前12世纪至公元前8世纪的荷马时期，奥林匹斯诸神受控于命运的观念，直接催生出公元前6世纪米利都学派。西方早期美学观念中呈现出自然哲学特色。米利都学派与毕达哥拉斯、巴门尼德、赫拉克利特的哲学，以及埃斯库罗斯的神话等一并融合，为柏拉图和亚里士多德的美学思想提供了丰厚滋养。

　　古希腊美学的发端也深含现实根基。希腊半岛内部山壑丛布，孕育出强壮勇武的民族。各部落为生存发展而互夺资源，征伐兼并频仍，最终以订立契约暂告终结。契约乃人定，易于被破坏，唯有将之神圣化，使其附于神意见证方能永恒。神性便是理性呈现，由此奠定着西方美学观念中理性主义的发展根脉。各部落人口繁衍滋盛，持续外拓。殖民地从大陆到小亚细亚海岸，延伸至埃及、西西里、意大利南部和赫拉克勒斯的石柱，围绕地中海参差绵延；殖民地与宗主国间联系紧密，不同风俗、传统及制度与希腊交融混合，带来令人讶异的景致。商业、手工业、贸易乃至城市纷

---

　　①　范明生：《西方美学通史》第一卷《古希腊罗马美学》，上海文艺出版社1999年版，第18页。

纷兴起，财富累积日厚，滋养孕育出希腊新的人文环境，并筑实着美学观念的发展。

美学最初属于自然哲学的探研范畴。古希腊美学思想从公元前 6 世纪发端，在公元前 5 世纪后的百年内发展到极盛，其间学者争鸣，观点纷呈，但都未曾否定神的最终主导性作用。在伯里克里斯时期，处于黄金时代的希腊文化完成了由文艺向哲学的转变。自然科学研究兴起，民主氛围下批评辩论风气日盛。赫拉克利特从自然科学的角度去看待美学问题，毕达哥拉斯学派将美看作数量和比例上的和谐，努力找出客观的形式之美；到苏格拉底和柏拉图时期，美的发展由自然界转向社会，完成了早期希腊美学思想的转变，美学逐渐成为社会科学的一部分。

柏拉图的"理念论"对后世美学发展影响巨大。他认为宇宙是神的理性设计，美的境界是理念世界中的最高境界，理念是摹仿神的意志存在。理念世界是对神的世界的摹仿，现实世界是对理念世界的摹仿，艺术世界是对现实世界的摹仿。现实世界与理念世界有着不可逾越的鸿沟，由此人类现实世界应该被持续改造的观念对后世影响颇深。亚里士多德与柏拉图在宇宙本源问题上的观点如出一辙，只是方法路径有别，在美学探讨上也呈现出迥异气象。他完成了《诗学》和《修辞学》两部关乎美学思想的专著，其中"《诗学》是第一篇最重要的美学论文，也是迄至前世纪末叶一切美学概念的依据"①，而《诗学》关于古希腊戏剧理论的阐释成为戏剧理论的大纲，可见戏剧仍然是了解西方美学观念发展的重要秘钥。在亚里士多德

---

① ［俄］车尔尼雪夫斯基：《美学论文选》，缪灵珠译，人民文学出版社1957年版，第124页。

的知识分类体系中，思辨内容或理性内容的最高对象是神本身；实践的知识则是包含目的的自足知识；而诗则属于制作的知识，归属于技艺范畴，并未拥有较高的地位。柏拉图与亚里士多德美学观念分别代表着两种不同的审美路径，但是他们都承认理性追求美的重要性。二人的思想体系也分别被中世纪经院哲学家奥古斯丁和托马斯·阿奎那吸收借鉴，在宗教哲学领域阐发着对美学观念的认知。

在美学观念的变迁演进中，相伴随行的是文学、艺术、建筑、音乐、戏剧等各领域集中呈现。无论新石器时代的恢宏庙宇、神话英雄传说时期的史诗篇章、古希腊悲喜剧，还是中世纪的壁画、版画、大教寺、镶嵌图案等突出成就，都从不同层面映射出美学观念的时代风貌。中世纪教会专断独行，尽管在宗教领域美学成就突显，在其他领域却鲜有突出作为。伴随教会势力式微，在文学艺术领域中美学思想新芒绽露。但丁以诗性寓言方式诉说人心意志，薄伽丘倡导诗学即神学，达·芬奇以艺术的方式进行创造，无一不昭示出当时旨在从技术领域突破摹仿现实的努力。重视人的力量是文艺复兴的突出特点。文艺复兴倡导人本主义，重新呼唤出人的力量。尽管确立人的主体地位，却未从根本上否认神的存在。检视新石器时代以来美学观念的发展史，正是因为至高力量的存续，美学观念的发展在根源上才成为可能。因此，文艺复兴之后以人为本的人神沟通交互，也成为窥观美学观念发展的基础性原点。

笛卡儿以自我为主体，凭借理性来抵达对上帝的信仰，在世俗中接续了中世纪以来经院哲学的美学观念，斯宾诺莎、莱布尼茨接续而行，在理性主义道路上将美学观念向前推进。与此同时，自然科学的进步也在助推着经验主义哲学开拓，以英国的培根、霍布斯、洛克、休谟等为主要代表人物。该时期的美学思想正是建立在经验主义哲学的基础之上，强调感性经验是美的来源，与文艺实践交相辉映，并一度影响了18世纪法国大革命时期的启蒙运动。浪漫主义文学的盛行正是基于对现实理性主义的失望，以充沛的情感和丰富的想象，寓含着对未来的美好寄托。德国启蒙运动进展较晚，在16世纪经历马丁·路德宗教改革后，"新教联盟"与"天主教联盟"斗争激烈，加之旷日持久的三十年战争破坏，民生一度凋敝。其后，勃兰登堡公国在众邦国中脱颖而出日益壮大，于18世纪初成立普鲁士王国。德国深受英法启蒙运动影响，同时自身秉承有中世纪以来的民间文学传统，在文艺与文学领域滋养着美学观念持续进阶。启蒙运动中，德国美学观念经由莱布尼茨到鲍姆加登发生学科式转变。莱布尼茨认为上帝是一切美的绝对根源，上帝所创造的事物都是有秩序、和谐的，美也是有秩序且和谐的，因此理性指导下的知识才使我们趋于完善和美，并享有快乐。他将美感看作一种混乱的朦胧感觉，是无数微小感觉的结合体，由此孕育着"鲍姆加登在1750年成为'美学'的正式奠基者"①。

作为一门学科，美学概念的产生源于哲学内部新学科的创立。美学的本义是Aesthetic，最早由德国哲学家鲍姆加登提出。Aesthetic源于希腊文名词，有感觉或者感性认识的含义，指向的是区别于理性认知的感性认知，也就是情感认知。鲍姆加登在其代表性论著《美学》中开宗明义地指

———————————

① 范明生：《西方美学通史》第三卷《十七十八世纪美学》，上海文艺出版社1999年版，第765页。

出："美学作为自由艺术的理论、低级认识论，美的思维的艺术和与理性类似的思维的艺术是感性认识的科学。"① 所谓感性认识，是指人的认识或意识结构中一切"混乱的感觉"和情感等，与被逻辑学研究的高级的理性认识相对，美学实际上应该是情感认知学。自此，美学成为与逻辑学、伦理学并立的哲学的一个分支，Aesthetics 就成为这门新学科的名称。此后的西方学界一度批评鲍姆加登，认为他在美学认知的探求路径上，只是表达出了情感认知的动向，并没有表达出"美"自身的含义。② 但鲍姆加登认为，情感认知的完善本身就是一种美。无论后人对其支持抑或批评，都持续推进着对"美学"认知的深入，也无法否认鲍氏的首创之功，进而更加筑实着"美学"作为一门学科的发展。后续康德、黑格尔等人持续推演着关于美和艺术关系的理论，20 世纪以后西方美学发展蔚为大观，美学观念异彩纷呈。

二、中国美学观念的发展渊源

中国美学观念在理论形态上与西方大有不同，早在先秦时期古人对精神世界的反思就达到了一个高度抽象的层次。汉语语境中关于"美"的含义众说纷纭。许慎在《说文解字》中释为"羊大为美"，"美，甘也，从羊从

---

① ［德］鲍姆加登：《美学》，简明、王旭晓译，文化艺术出版社1987年版，第13页。
② 刘纲纪：《鲍姆加登之后关于美学的争论与看法》，《马克思主义美学研究》，2000年第4期。

大",这实际上说的是一种味觉感知体验。萧兵在《楚辞审美琐记》中认为"美的原来的含义是冠戴羊皮或羊头装饰的大人,是从羊人为美演变为羊大为美",或"由巫术歌舞到感官满足"①。学者马叙伦从文字学角度,认为"美""媄""羊"古音相同,音皆如"嫩",女子色好为"美"②。陈良运先生则在考察中国古典文献的基础上,认为"美"实际为阴阳结合的表征,象征着"男女的性意识"③,体现出更为规范的性行为以及相应的"合理性和诗意"④。由此可见,尽管学者对"美"的解释各有不同,却都离不开对内在品味的觉知和对社会规范的认知。

爬梳中国美学观念的发端演进,美学观念也是在人神沟通交互过程中产生的。中国美学思想的基础是"上古的巫觋文化"⑤,这就要追溯到新石器时代东北亚地区的萨满文化。萨满教是一种多神教信仰,认同万物有灵。巫觋借助玉器来实现人与诸神的沟通交互。玉器被视为礼器,《说文解字》称"豊"为行礼之器,而"豊"字的上半部分为盛玉奉祀神的器皿。⑥可见,器物与行为都具有礼的内在意涵。更为关键的问题在于,礼是人与高于自身的力量之间完成的,集中呈现出人的敬畏,这便是最初的美学观念。尤其是新石器时代考古发掘出土的玉环、玉璧、玉玦、玉圭等便以祭祀礼器的形式出现。由多神教到一神教是人类历史发展演进的总体趋势。

---

① 李泽厚、刘纲纪:《中国美学史(第一卷)》,中国社会科学出版社1984年版,第75—76页、81页。

② 马叙伦:《说文解字六书疏证》,上海书店1985年版,第53页。

③ 陈良运:《"美"起源于"味觉"辨正》,《文艺研究》2002年第4期。

④ 朱玲:《双重阐释:汉字"美"和中国人的美意识》,《福建师范大学学报》,2003年第2期。

⑤ 孙焘:《中国美学通史》第1卷《先秦卷》,江苏人民出版社2014年版,第21页。

⑥ 王国维:《观堂集林·释礼》,河北教育出版社2001年版,第177页。

中国在三皇五帝时代，颛顼时"绝地天通"，君王直接与天沟通，而天下则根据人的天赋能力划分等级，礼成为配享人的位格品级、顺应天道秩序的手段和表征。从这个意义上讲，美就是一种客观存在，至善至美便是天。而人对这种客观力量的感知认知、内在品味体验以及表达，便是美的观念或审美意识。

说到中国审美观念必然与汉字相关联。追溯汉字的起源，文乃错画，天垂象示意，人将之摹画于玉石之上雕琢成器，后来将文敷于器物、服饰乃至身体上，可见中国美学观念最初也源于人对至高力量的见证。诞生的文字也在持续建构着人类生存和生活的现实世界。"子曰：大哉尧之为君也！巍巍乎！唯天为大，唯尧则之。荡荡乎，民无能名焉。巍巍乎，其有成功也。焕乎其有文章！"[①] 意指尧之所以能成功，正是因为能顺应天，言说不能赞其功业，文字却能使其彰然焕赫！文字最早掌握于巫觋手中，其后巫逐步演变为王。无论巫觋或王皆为当时社会中的佼佼者，属于当时的精英。从这个意义上讲，在中国古代传统社会中审美的制高点是掌握于精英阶层手中的，这种审美观念也是品味、品级、品格的外在呈现。

因天垂象示意，人摹象成文，故而文能呈象应天。文的本质是象。象直指物的形状，物又指向意义。人按照天的示意，借助物的形状来表达意义便是汉字的内在意涵。人与物有品质高下，呼应洽和，文与物皆需有规矩，人持物讲伦理，于是便呈现以文字订立规矩、度轨量的现象。在中国古代传统社会，儒家主张从人出发顺应天，倡导施行礼乐教化，以建

---

① 杨伯峻：《论语译注》，中华书局1980年版，第83页。

立"昭文章,明贵贱,辨等列,顺少长,习威仪"①的理想秩序。因此,追溯中国美学观念的渊源,就要发掘体现中华文化独特思维方式,以及与审美意识密切关联的卜祀燕饮、钟鼓玉帛等的内在意蕴。先秦时期,古人的审美活动和审美意识逐渐从其他活动中分化独立出来,国人对玉器、青铜器等器物的尊崇,对饮馔、舆服的重视,对特定符号的尊崇,都可以从礼制典章中找到相应依据,其中浸透着礼的规范。人们的审美融于礼乐文化中,通过独特的形制、和谐的色彩、复杂规范的纹饰、不凡的音调等传达出特有的人情意味,达到教化天下的目的。无论是蕴含巫术色彩的祭礼,还是贵族阶层的礼乐典章,其后发展到礼俗、礼教、礼法,并抽象出了礼义,都蕴含对"道统"的追求,这成为中国古代美学观念的基础。"道统"观念贯穿于中国古代传统社会始终,也是中国古代学人的至高追求。维系道统就需要建立一套天然的社会秩序,在美学意义上的呈现形式就是需在外在器物形制上达到一种至高的标准,符号特性与道统达到统一,其内在特征就是我们常说的品质。

因此,中国美学实际上是以品质、品质学作为核心内容的学科,其中既包括了西方美学概念中的情感认知,又不限于情感认知。基于中国古代传统社会唯有精英阶层才能在更大程度上享有品质性生活,这最终无疑限制了社会的整体发展。故而让更多人享有品质性生活,呼唤一种新的美学形式出现也就成为必然。

---

① 杨伯峻:《春秋左传注》,中华书局1990年版,第43页。

三、普及美学的提出

人类对美的追求从未停歇，美作为生产力、竞争力和创造力在当下社会生活中居于主导性地位的作用也愈加凸显，因此对美学研究的新认知便成为当务之急。现代汉语中的"美学"属于外来词汇，在晚清时期传入中国。据学者黄兴涛和刘悦笛等人研究考证，西方传教士在西方美学学科传入及美学知识介绍中的作用举足轻重。1866 年，英国来华传教士罗存德在《英华词典》中将 Aesthetics 一词译为"佳美之理"和"审美之理"，这表明罗存德已经用"美"的理念来传播美学，其间还涉及现代美学的审美概念。在中国人谭达轩 1875 年编辑出版、1884 年再版的《英汉辞典》一书中，Aesthetics 被译为"审辨善恶之法"，但是尚未出现"美学"一词。多数学者认同德国传教士花之安（Ernst Faber）率先创用"美学"一词。1873 年，他在中文著作《大德国学校略论》一书中介绍西方智学课程时，简略谈过西方心理学和美学的相关课程，并认为西方美学课讲求"如何入妙之法"或"课论美形"，其间论及美学的阐释，内容涵盖山海、动物、宫室、雕琢、绘事、乐奏、辞赋、曲文等八个方面，这是"近代中国介绍西方美学的最早文字"①，只是尚属于时人的偶然性使用行为，"美学"此后二十余年未见在中国传布。但西方传教士面对中国文化一时找不到适合语义的词语，只能根据意思创造出一些词语来，这自然不是契合中国语境的美学阐释。在其影响下，中国近代学者已在自觉接受西方文化，如颜永京翻译的当时中

---

① 黄兴涛：《"美学"一词及西方美学在中国的最早传播——近代中国新名词源流漫考之三》，《文史知识》2000年第1期。

国第一部心理学著作《心灵史》，在书中他采用了中国古代汉语的形式，用"艳丽"一词来阐释西方美学的观念和认知，虽不完全确切，却颇具东方美学意象。

　　"美学"一词在中国广泛流行是在甲午战争后至 20 世纪初，该概念从日本正式传入中国。① 王国维在该方面用力甚多。他通晓日文，曾于 1902 年翻译日本学者牧濑五一郎的《教育学教科书》和桑木严翼的《哲学概论》，书中多用现代美学的基本词汇。同时，他还在翻译《哲学小辞典》一文时对美学下定义，认为美学是"论事物之美之原理"，同时将 Aesthetics 译为"美学""审美学"。据黄兴涛先生考证，在王国维之前已有日语"美学"概念引入，早在 1897 年康有为编辑出版的《日本书目志》中，便出现过"美学"一词。1904 年，张之洞等组织制定了《奏定大学堂章程》，规定"美学"为工科"建筑学门"的 24 门主课之一，这是"美学"正式进入大学课堂之始。可惜囿于当时的形势，"美学"这门学科并没有落实执行，直到民国时期才被正式列入大学文科专门课程中。是时，蔡元培在《哲学大纲》中，将美学学科列入"价值论"中，同时将美学与科学、伦理学并列。徐大纯在《述美学》一文中，对西方美学进行言简意赅的介绍，但是在介绍 Aesthetica 一词时，忽视了汉语翻译上的转化。② 1917 年萧公弼在《存心》杂志上连载了一系列美学论文，他借助中国传统的佛教思想，提出了独立的美学看法，认为美学的主要目的为研究精神生活。可见中国近代学者在

---

　　① 徐水生：《从"佳趣论"到"美学"——"美学"译词在日本的形成简述》，《东方丛刊》1998 年第 3 期。
　　② 刘悦笛：《从美学"在中国"到"中国的"美学——一段西学东渐和本土创建的历史》，《美学在中国与中国美学学术研讨会论文集》，2015 年 10 月 1 日。

引入西方美学概念的同时，也在用自有的方式阐释和发展美学的概念，以尽可能较为系统地了解西方美学学科。其实，美学不仅仅包含情感认知这一个层面，它所涵盖的要宽广丰富得多，是关于品质的学问。

清朝政权覆灭后，中国最高的品级象征已然不存。尤其是五四伊始，中国又一度学习西方，西方的美学观念为大众所广泛接受。长期以来，西方在美学观念上一度占据了制高点，但是沿循西方美学观念的感性认知路径并不能涵括中国美学的全部意涵，且梳理美学的起源发展进程，中国也不具备西方美学发展的基础。如果我们继续沿循西方美学观念的发展路径，中国美学独立发展是难有前途的。当下，我们如何接续中国固有的传统美学观念并开拓创新，便成为美学发展的当务之急。

前文提及，在中国传统社会建立"道统"社会秩序之时，统治者通过礼来建立一套规范，达到文治教化的目的，文化也多呈现自社会上层传到社会下层的典型特征。因古代传统社会信息和知识更迭速度相对迟缓，传播技术手段并不发达，受限于当时的环境，传播美和享受美也成为一种特权，这显然阻滞了更多人认识美、接受美和应用美。学者邱伟杰称，如今我们在衣食住用行等方面的刚需已基本得到满足，社会环境的变迁也改变了对美认知、应用和传播的基础，新时代又唤出人们对生命快乐感、价值感、意愿感的刚需，于是普及美学所倡导的艺术人生便适逢其需。为此，邱伟杰首倡普及美学，"所谓普及，核心是内印于众人之本性，及人人皆有本来美。这个普及，向内是万众本来美的普遍，而向外传播和唤醒是我们一般的普及。关于本来美的普及美学，是与天人地呼应的美品与良序，是良知的一部分，并不同于情感学（Aesthetics），又包含但不限于情感学。它是东方美学的一次全新出发，是民族复兴之路上的文化探索"。① 他进一步指出：

> 普及美学，就是普及美品学，就是让大众在对自我的"本来美"的品质认识和对艺术之"美品"的认识、"物我合一"的呼应中觉知本性、光大本性的学术探索。普及美学是在众多先人努力下的伸延，是艺术哲学中关于品质的民众认知，即本来美学，即借助了文化传统而超越文化传统，逐渐归于天人合一的艺术哲学尝试。②

这正是在接续中国固有美学传统内涵的基础上开辟出的美学研究新范式。邱伟杰集中阐述了"本来美"以及"本来美成长"的学术观点③，并阐释了普及美学与经济发展的内在关联，提出"快乐经济学"的前瞻性观点④，同时积极探索普及美学的高品质实践路径⑤，为中国美学的本土化发展开拓出了广阔空间。

---

① 《东方美学在当代的全新出发，邱伟杰美学精彩观点分享》，http://www.peoplesart.net.cn/h-nd-2034.html#_np=121_2287。
② 邱伟杰：《普及美学原理》，四川文艺出版社2019年版，第16—17页。
③ 邱伟杰：《美的人》，四川文艺出版社2018年版；邱伟杰：《味的人》，四川文艺出版社2019年版；邱伟杰：《普及美学原理》，四川文艺出版社2019年版。
④ 邱伟杰、刘浩冰、燕之浩、金涛：《论普及美学与经济发展的关系》，http://www.51meixue.cn/archives/7224。
⑤ 由邱伟杰编剧、导演的诗剧《普及美学原理》于2021年1月5日在广州正佳大剧院首演，探索出学术著作转化为艺术实践的新路径。

第二章　普及美学研究的基本内容与学科规划

"你本来是美的，你的美还需要成长"是普及美学的核心观点，从本源上厘清了普及美学研究的基本内容，这也成为普及美学学科建立的基石。普及美学传播恰恰是该学科发展的应有之义。

一、普及美学研究的基本内容

普及美学主要研究本来美和美的成长两大方面。本来美是人固有的天赋之美，人各有志业，每个人便需依乎本来美率性发展，并在时移变化中呈现出不同的位格品级。

1. 本来美

（1）人人含具天赋本来美

"天"是古人认识世界和命运的重要观念。人类尚未开启文明之前，在相当长的时期内，人和动物一样主要依凭本能生存。一旦跨入文明门槛，人类便开启了对高于自身力量的敬畏与信仰。中国古代文明与萨满教信仰密切关联。古代萨满教秉承万物有灵的信念，认为万物各有神灵统属，属于多神教。萨满教持有天地秩序的观念，以满族信仰为例，在早期的萨满神谕及神话中将自然宇宙分为九层三界，"上界为天界，又称火界，分为三层，是天神阿布卡恩都力和日月星辰、风云雨雪雷电等神所居；中界亦分为三层，是人类、禽鸟、动物即弱小精灵繁衍的世界；下界为土界，又称地界，亦分三层，是地母巴那吉额母、司夜众女神以及恶魔居住或藏身之地"①。可见萨满教信仰中保留了天地人分野沟通的秩序。人类最初的多神教信仰中，诸神从无序走向有序是世界文明史演进的大致路径。因人神杂糅共处，任意交互，以至于秩序紊乱灾害频仍。《尚书·吕刑》曾载："命重、黎，绝地天通，罔有降格。""重即羲，黎即和。尧命羲、和世掌天地四时之官，使人神不扰，各得其序，是谓'绝地天通'。"②颛顼时采取绝地天通的手段，使人神不扰，各得其序。天成为宇宙唯一的最高神，尽管中西方称谓有异，实则一同。由多神教到一神教的确立过程，不仅可以窥观中西方文明演进的不同路径，也是研究中西美学观念、传播观念发展的重要基准点。

"天命观"是中国古代传统思想的核心观念。天序作为宇宙最高的序令法则，先验地决定着万物的必然归宿。《中庸》开篇即载"天命之谓性"，万物众灵都呈现不同的天性特征。所谓天性，即上天所赋予的资性，每

---

① 庄吉发：《萨满信仰的历史考察》，文史哲出版社1996年版，第72—73页。
② 孔颖达：《尚书正义》（《十三经注疏》），北京大学出版社2000年版，第634页。

个人皆有天赋本来美的种子。中国古代传统哲学总体上是在阐释天、性、情、命、理、气等基本概念，以构建以天为核心的思想体系。天即为宇宙最高神，天下都服从天命。《诗经》载，"维天之命，于穆不已"；《尚书·盘庚》载，"先王有服，恪谨天命"。古人认同一切存在都是顺承天的意志，无论国家、个人命运还是自然万物都顺服于最高序令，这才是厘定天下秩序的根本依据。纵观中国古代思想史，天即为道，中国古代读书人秉持对道统的追求；天即理，理为天理，宋明儒学又称其为理学；王阳明学说又称为心学。天无处不在，孔子言"天何言哉？四时行焉，百物生焉，天何言哉？"① 因此，在地上呈显为地理，于物中显现为物理，在文内含有文理，于路上呈现为道理，不一而足。

"命"在古汉语中有性命、命运、生命等意。许慎《说文解字》称："命，使也。从口从令。"命也有命令、赋予的动词之意。段玉裁《说文解字注》曰："命，天之令也。"傅斯年考证，西周时"命"与"令"在甲骨文、金文中能互解。② 天命自然含有不可违抗之意。《左传·成公十三年》载，"民受天地之中以生，所谓命也"。"在天谓之命，在人谓之性"③，人乃天命下贯而成，由此蕴含着天地人贯通的内在秩序。人也在自身的观念认知中确立人与天之间的关系。

中国古代人信命，在根本上依乎天命过活；现代人多信力，全然凭靠己力行事。人力虽强大，却有诸多事实难能改变。人固然有自由意志，但

---

① 杨伯峻：《论语译注》，中华书局1980年版，第188页。
② 傅斯年：《性命古训辨正》，河北教育出版社1996年版，第10页。
③ 卫湜：《中庸集说》，杨少涵校理，漓江出版社2011年版，第14页。

人之生死、由来等皆不容己自由选择。即便以现代的基因观念来审视，人的发展也是传承有自的。在此，我们承认自身含具的天赋基础，并认同天赋本来之美、珍爱天赋本来美并率性成长，进而找到自身发展的位格。孔子"五十而知天命"，知天命更有知晓自身所担负天职的觉悟，执己为器皿，去完成上天所赋予使命的意味。徐复观称，天命之谓性的意义，是确定了每个人都来自最高的绝对价值本体——天，因此每个人都被赋予了"同质"的价值，是为彻底的平等。[①] 从这个意义上讲，西方所谓"人生而平等"，与东方"天命之谓性"异曲同工。承认天赋本来美，正是普及美学的思想基石。

（2）万人万性，各秉其美

古人承认万物乃天命下贯，也承认诸性同质平等。何谓"性"？徐灏《说文解字笺》载："生，古性字，《书》《传》往往互用。""生"的本义为如草木生出土上，生出于地，意思为生命。先有天，后有地，随之才有万物。万物万性皆呈现天道、天理，如此方能理解"性"的内在旨趣。

"天地之性人为贵"[②]，其前提是有天地。古人在此方面虽论说纷呈，却不离其宗。《尚书·泰誓》称"惟天地万物父母，惟人万物之灵"。孟子倡导心性之学，称人为贵主要是基于"人之同心"[③]，孟子学说中心性不分，其本质却是尊奉天。董仲舒阐发大一统思想，首先称人受命于天，然后倡导

---

① 李维武：《徐复观文集》第3卷《中国人性论史·先秦篇》，河北人民出版社2002年版，第115页。

② 《孝经·圣治章》，文渊阁《四库全书》电子版。

③ 《孟子·告子上》，王常则译注，三晋出版社2008年版，第137页。

承于天的社会秩序，无论君臣、父子、兄弟、长幼皆有序，"粲然有文以相接，欢然有恩以相爱"①，所以人为贵。二程认为，性是天道降于人身上，"生生之所固有也"②。周敦颐认为，万物乃阴阳交感所化，变化无穷，只有人"得其秀而最灵"③。如此种种，不一而足，皆强调承性于天是基础，由此我们也能理解中国古代传统社会的内在秩序。

人人性情有别，呈有洋洋大观。君王素人，夷狄蛮戎，性情各显不同，故而古人能根据性情根底拔擢良才。人物之本，出乎情性，"性质禀之自然，情变由于染习，是以观人案物当寻其性质也"④。既然性是本质，那么性又是如何体现出来的呢？刘劭认为凡是活生之物，无不体现质性，人秉阴阳五行而呈现外在情素。于是，他依乎性情有别、习染各异、志业不同来辨才识器，将天下人材分为十二类，以便举贤。⑤清代学者戴震也称，人的才质是天性的呈现，人与万物各具天性，才是性的具体表现，从本质上讲都是"天之降才"⑥。人的天性不同，所以才质也不一样，但这些在根本上都是本来美的呈现。

2. 美的成长

（1）率性生长

普及美学不仅主张人人各具"本来美"，都有天赋的种子，还倡导"你

---

① 董仲舒：《董仲舒集》，袁长江等校注，学苑出版社2003年版，第24—25页。
② 程颢、程颐：《二程集》，王孝鱼点校，中华书局1981年版，第50页。
③ 周敦颐：《周敦颐集·太极图说》，陈克明点校，中华书局2009年版，第5—6页。
④ 李子恣：《人物志全译》，河北人民出版社1995年版，第12页。
⑤ 李子恣：《人物志全译》，河北人民出版社1995年版，第39页。
⑥ 戴震：《孟子字义疏证·原善》卷上，中华书局1962年版，第39页。

的美还需要成长"①。《中庸》载"率性之谓道","率"为依循之意。郑玄认为,"循性行之,是谓道";二程也认为"循其性不失,是为道"。诸家学说都认同依性顺天发展的观点。何以依性顺天发展?古人认为,以诚来秉持初心,方能率性发展。《中庸》载:"自诚明,谓之性。"②持有至诚之心、以精血灌注,方能尽其性,尽性方能贯通天地。"唯天下至诚,为能尽其性。能尽其性,则能尽人之性。能尽人之性,则能尽物之性。能尽物之性,则可以参天地之化育。可以赞天地之化育,则可以与天地参矣。"③这句话中除却说了人能率性生长外,还包含了一个前提,即天地才是人发展的最高限度。自古以来天是至高等级的存在,天即道,率性是通往道的路径,人的发展在根本上需依乎道。"人法地,地法天,天法道,道法自然"④,自然就是天道本来,只有顺乎人的天赋,本来美才能尽性发展。南宋叶绍翁称朱熹的解释精确:

> 人物之生,因各得其所赋之理,以为健顺五常之德,所谓性也。率,循也;道,犹路也。人物各循其性之自然,则其日用事物之间,莫不各有当行之路,是则所谓道也。⑤

人人各具天性而各怀其赋,故而各有志业。但人在本来美成长过程

---

① 邱伟杰:《美的人》,四川文艺出版社2018年版,序言第1—2页。
② 《中庸》,李浴华、马银华译注,三晋出版社2008年版,第179页。
③ 《中庸》,李浴华、马银华译注,三晋出版社2008年版,第180页。
④ 《老子》,卫广来译注,三晋出版社2008年版,第30页。
⑤ 叶绍翁:《四朝闻见录·甲集·考亭解〈中庸〉》,文渊阁《四库全书》本。

中，却都离不开学习。孔子"十有五而志于学，三十而立，四十而不惑，五十而知天命，六十而耳顺，七十而从心所欲，不逾矩"[①]，这句话可视为孔子一生学习成长的传记，且记载了每一个阶段的独到觉悟。"学而知，困而知，求知此性而率之也。舍率性之外别无道，舍知性之外别无学"[②]。至于如何率性，那便是秉乎内心，找到自身的兴趣爱好而深研精探，方不负怀具的天赋本来美。

学习是人秉持本来美成长成才的必经途径，"才虽美，譬之良玉，成器而宝之，气泽日亲，久能废其光，可宝加乎其前矣；剥之蚀之，委弃不惜，并且伤坏无色，可宝减乎其前矣。"[③]人的德性与形体一并成长。人的形体历经初萌、长成、壮盛、枯萎、寂灭，有始有终；德性成长也有极限，"始乎蒙昧，终乎圣智"[④]。人之成长便是使自己的固有德性完整呈现出来。

（2）位格品级

个人本来美的发展需各尽其性，各呈其美。成长是为了找到属于自己的位格。位格不同，必然呈现品级高下不一。《尚书·泰誓》载："天佑下民，作之君，作之师，惟其克相上帝，宠绥四方。"这句话是说，上天命定下的天下之民各司其职，有人为君，有人为师，皆遵循上天而守护天下。但为君有为君的品级，为师有为师的品级。基于中国传统社会的思想观念，人秉持自下而上对天的呼应，人依乎品级而逐级奉养，故而制定礼

---

① 杨伯峻：《论语译注》，中华书局1980年版，第12页。
② 黄宗羲：《明儒学案·南中王门学案二》，沈芝盈点校，中华书局2008年版，第610页。
③ 戴震：《孟子字义疏证》，何文光整理，中华书局1962年版，第42页。
④ 戴震：《孟子字义疏证》，何文光整理，中华书局1962年版，第15页。

仪制度。天下君王的品级最高，君王奉养天，与天直接沟通。君王以下也依据礼仪制度来进行逐级奉养。等级是品质的外在体现。司马迁在《史记》中载：

> 太史公曰：洋洋美德乎！宰制万物，役使群众，岂人力也哉？余至大行礼官，观三代损益，乃知缘人情而制礼，依人性而作仪，其所由来尚矣。[①]

"缘人情而制礼，依人性而作仪"，恰是礼仪制度订立的依据。人道与天道的合轨，便是"天人合一"。现代学人多将"天人合一"理解为天象与人间行为的呼应，其实这仅为表象之一，并不全然。"天人合一"在社会现实中的具体呈现是各归其位，如中国传统社会所称"君君，臣臣，父父，子子"，君臣有序，父子有别，各得其位，各司其职。

欲使天下臻于有序，是因天下无序。实现路径便是古人常言的格物、致知、修身、齐家、治国、平天下。路径的实现从本源上讲，无不指向本来美及其成长。《大学》载："自天子以至于庶人，一是皆以修身为本。其本乱，而末治者否矣。"以修身来养己，最终成长为自己。《大学》开篇即语"大学之道，在明明德"。"德"即"得"，"明明德"即光大属于你的本来天赋之美。人入世已久，本来美被尘世习俗所浸染，逐渐被遮蔽了本来发展的面目。因此，学习绝非以获取知识为最终目的，唯有明心见性，方能获取属于自身应该所得。所得的呈现便是位格与品级。

---

① 司马迁：《史记·礼书》，中华书局2006年版，第121页。

当然，明德的途径不一。如道家也讲求天人合一，只是与儒家实现的路径不同，二者殊途同归。佛家修行的最高境界是成佛，佛乃见本性，人人皆有佛性，但是并非人人都能成佛，成佛即成为本来。你的本来就是你的"明德"。因此，儒释道发展的最终目标都是本来。成长所达及的本来就是其个人位格所终。宋儒程颢说：

> 圣贤论天德，盖谓自家元是天然完全自足之物，若无所污坏，即当直而行之；若小有污坏，即敬以治之，使复如旧。所以能使如旧者，盖为自家本质元是完足之物。[1]

你自己就怀具本来美，你需成长如初。初便是古，乃天然含具的本来。人呈其本来美，便是天德自现。清儒戴震称人的才气是天性的集中呈现[2]，人的成长便体现为品格。人的本来美都上承自天，成长过程中却有过与不及之差，这也是在古代社会需要修道立教的内在缘由。如今传统社会秩序已然不复存在，但是"各载于我"[3]的本来美却依旧存在，在当下使本来美达到相应的位格品级便是个人所及。

（3）时移变化

人之行为常有顺天时、借地利、求人和，这不仅说明了天地自有其恒定秩序，还说明了人在特定历史时空中的洽合发展。《周易·乾卦·文言》

---

① 程颢、程颐：《二程集》，王孝鱼点校，中华书局1981年版，第1页。
② 戴震：《孟子字义疏证》，何文光整理，中华书局1962年版，第40页。
③ 叶绍翁：《四朝闻见录·甲集·考亭解〈中庸〉》，文渊阁《四库全书》电子版。

载："夫大人者，与天地合其德，与日月合其明，与四时合其序，与鬼神合其吉凶。先天而天弗违，后天而奉天时。天且弗违，而况于人乎？况于鬼神乎？"[①] "大人"多指君王或圣人，他们能与天直接沟通，多奉天为圭臬并敬奉天时。《周易》一书通常被认作卜筮之书，其实更是一部沟通天人关系的哲理之作。人之天命已定，关键问题在于在已定天命的前提下，如何做出决断与对策，这恰恰是体现人之智慧所在，亦为人之本来美所系。作出决断与对策，意含时移变化，都呈显天意。

相同人在不同阶段认知有异，同一件事不同人认知也有差别。宋代皇帝真宗称，书中有黄金屋、颜如玉、千钟粟。宋真宗被誉为英悟之主，且雅好文学。他贵为天子，想必自然知晓读书向学承续道统的内在旨趣。他明知晓其中真意，却仍从切实的益处去引导，这便是高明之处。相反士人们自以为怀负聪明，尽往"为天地立心，为生民立命"处阐发，自诩高节。其实，天地固有心，生民也自承命，何须他人来立？读书之人从最切实处着手，躬行其事，呈显己性，天道固含其中。凡能悟者自能悟，知黄金屋、颜如玉之贵美，才会知晓读书旨趣；不能自悟者甘心守下，却也不至虚浮无着。

人在秉持天赋本来美的发展过程中，也承认时运变化的重要性，即便如孔夫子也不例外。他周游列国，离卫赴陈，过匡时，因貌似阳货而被拘于匡地五日，慨然称："文王既没，文不在兹乎？"[②] 这是孔子承续文王之后的天命担当。如若上天要断绝承续上天的文统，后人也不会继承；如果

---

① 孔颖达：《周易正义》（《十三经注疏》），北京大学出版社2000年版，第27页。
② 杨伯峻：《论语译注》，中华书局1980年版，第88页。

上天未丧失文统，自己的命运也不在匡人手中。孔子讲了天命观下的时运，以己为器承续道统。天命不可改，求通不得乃时势使然，故而天命位居首位，时运次之，在此前提下才是个人的努力作为。孔子虽临有各种不堪，并承认"知穷之有命，知通之有时"[①]，仍能临大难不惧，呈现出异于常人的圣人之勇。

因人成长难以脱离生存发展的外部环境，经受习俗浸染是本来美成长中的必经之途。变化发展的归宿是回归本来，使本来美完整呈现。只是人于环境中浸染，易于失却原本性情。而坚持初心所向发展，方是正途。古今中外英豪俊杰困厄之际多为鄙事，折节存养，静待天时以呈露性情。古时，治国选贤与能，泛论众才，以序辨等级，择取天赋卓绝、德才兼备之人，便是古人天赋本来美的呈现。如今，社会发展日趋多元，人的发展也随时代变迁愈加呈现多样化景观，由此也能呼唤出本来美的多元繁荣。

二、普及美学的学科规划及实践探索

基于人性本真，邱伟杰对普及美学的学科发展方向提出了架构设想，对所涉及的相关学科进行了抛砖引玉式勾绘，规划出了蓝图。与此同时，他积极探索普及美学的实践应用，提出"快乐经济学"的概念，探索出经济发展实践的新路径。

---

① 《庄子·秋水》，《诸子集成》本。

1. 普及美学的学科规划

邱伟杰称，人性的本真是普及美学发展的基础，立足于此的普及美学发展才能呈露真善美，与之相关联的各门分支学科也将凸显这一特色，如普及美学的门类艺术、普及美学经济学、普及美学历史学、普及美学社会学、普及美学语言学，甚至普及美学数理学、普及美学政治学等。[①] 学科交叉是当前的发展趋势，也是拓展学术视野的重要手段。普及美学是一门综合性学科，根据现代学科的专业化分类，我们将其与所关涉的学科相结合，也会产生新的交叉学科。因为本来美是人发展的基础，故而奠定了以人的发展为核心的学科发展基脉。

当下我们倡导"以人为本"的价值理念，学科发展也需回归到人本身的发展上。在普及美学门类艺术领域中，邱伟杰倡导天然、全然的艺术观，让生命的本真性觉明光大，神气丰盈外放，呈现由内因而外果的"风情论"艺术观。[②] 因人性本真，直面人生百味的灵魂于现世中方能养已绽放，艺术方能起悲成仁。立足于本真艺术理念，我们既要看到人基于现实的无力无奈，也需看到人对现实的隔绝与超越，故而我们既要包容人的灵魂基于现实的无奈，也需批判伪丑风格。艺术所呈显的是艺术家的真性情特质，绝不能将伪艺术手段视作核心。尤其是在一切以实际效果为评判标准的传播机制下，艺术的定位也会发生改变。人们愈发注重风格的不同，反而忽视了本真性的基础性差异。当下科技的进步，已经为艺术呈现效果

---

① 邱伟杰：《普及美学原理》，四川文艺出版社2019年版，第173页。
② 邱伟杰：《普及美学原理》，四川文艺出版社2019年版，第173页。

提供了更多可能性，技术手段只是呈现人本真的手段而绝非目的。艺术风格有异，本质上是人的本真性情不同，故而普及美学艺术观也能为我们当下提供品质化的艺术观念。

邱伟杰以诗歌与音乐举隅。诗歌是广义的艺术之源，艺术之所以能够动人就是因为富含诗意。如《诗经》三百篇，一言以蔽之"思无邪"，无邪是因其与现实相悖，能够起到净化的作用。这就是让人回归本真初心，回归本来美及其成长。诗人是敏觉万物的，以本真之性来观照天地；诗人是悲苦的，因悲而生悯，采撷诸物来醒人，使人照见初心；诗人又是精确的，善借诸物精准传达诗意；诗人更是富有创造性的，在追求品质基础上创作出大众能普遍接受的高级形式。音乐为听觉艺术，能直触人心，呈现本性真情，普及美学的音乐艺术观正是觉醒人本来美的表现。"乐动人以醒神"恰体现了音乐的艺术本质，这既是音乐艺术的追求，也是大众本来美及其成长的交错见证。因能让大众在更大程度上享受艺术的本真，光大大众的本来美，我们也需要一种新的传播观念。

在普及美学经济学科建构中，邱伟杰沿循马克思主义对近代经济学的批判路径，立足对于资本主义"理性人都是自私经济人"的假定前提，来分析资本主义经济中的供需资源配置。我们发现资本主义经济中"看不见的手"已然为"资本之手"所替代，异化了人的劳动现状。在此，立足于当下的社会环境，普及美学经济学倡导民众多元化、品质化的需求，邱伟杰以"理性人为本质认识的兴趣人"为理论出发点，用宏观调控之手来推行优胜劣汰，实现全社会资源的优化配置。从这个维度上讲，经济学回归人本身，资本跳脱出主义，也回归到了经济自有的正常秩序中。由此，围绕人的品质为中心而推进的经济也将聚合文化、科技、思想的力量，实现经济的高质量发展，进而走出一条"品质经济学之路"。如何传播这一理念，在经济发展中实践呈现其可能性，便为后续研究开拓出了新方向。

在历史学领域，邱伟杰提倡"品史养志"的践行方式，以纠偏传统史学研究过分注重"风格论"的史观。历史研究本身就是在追求真善美，是人类对社会客观存在及其发展过程的精神实践探索。历史学家从各领域、各维度对历史进行探究，在丰富历史研究视域的同时，也因"风格论"而以偏概全。由此，普及美学历史学倡导秉承真善美的原则，通过以史为鉴的"兴趣养史"方式来光大民众的本来美，以更好地为大众服务。

同理，在社会学领域，邱伟杰主张从个体性的、本真性的具体性出发，进而实现整体和谐共生的普及美学社会学。从人与人、人与组织、组织与组织三个维度出发，从最基础的品质人入手，倡导质朴快乐的成功观，来实现个人本来美的成长，并对个体品质的差异性、多维性和品级性产生一定认知。

在语言学领域，邱伟杰提倡对语言精确性进行研究，同时也要基于对中国独有文字的研究来辅助民众认识世界的本真性，进而实现文字的品质性升级。[①]

可见，普及美学所涉及的学科门类广泛，所提出的问题都指向人的品质性发展。源于中国固有的品质性美学根基，将个人的品质化发展观念让

---

① 邱伟杰：《普及美学原理》，四川文艺出版社2019年版，第173—187页。

更多人享有，正是当下传播学具有的使命担当。

2. 普及美学的实践探索

普及美学的实践涉及社会生活、经济活动、文艺活动等诸多领域。自新中国成立以来，我们就在社会主义发展道路上探索。改革开放以来，工作重心向经济建设转移，充分凸显出经济发展的重要性。历经几十年的发展，中国社会经济迈向高质量发展阶段，邱伟杰提出的"快乐经济学"方案，为未来经济发展的实践蹚出了一条新路。

纵观人类发展历程，经济发展得益于人类欲望的释放。尤其是资本主义社会经济高速发展，在短短几百年间创造的物质财富远超此前人类所创造的总和。对人类社会发展的动因分析过程中，弗洛伊德精神分析理论认为文明是对欲望的压抑。因欲望为本能，故而压抑常常起源于欲望，而被压抑的欲望主要是性欲。弗洛伊德认为，人的本能是构成人类文明的动力，是人自带的天然属性。同时，弗洛伊德进一步指出"本能刺激的另一个更好的术语是需要，需要的解除就是满足"①。文明的发展应该促使人得到幸福，生命的目的便在于追求幸福，进而使人的本能得以满足。他认为在人类出生伊始，本能就开始支配人的心理活动。文明诞生以前，人类个体是自由的存在，生存和死亡诸种行为的动力皆出于本能，人类的活动也具有随意性，也同时面临种属灭亡的危险。为了获得长久的幸福，文明便应运而生，这便需限制人自有的本能欲望。"我们所谓的文明本身应该为我们所遭受的大量痛苦而负责，而且如果我们把这种文明或者回到原始状

———————

① 车文博：《弗洛伊德主义原著选辑》，辽宁人民出版社1988年版，第244页。

态中去，我们就会幸福得多。"① 文明社会的发展使人类在满足本能初衷的过程中发生了改变，成为限制本能满足的桎梏。这便是弗洛伊德基于本能压抑理论提出的观点。文明不仅对死本能进行压制，以保证整个社会的和谐，同时还对生理本能——如性本能——进行抑制。这种压抑是必要的，但是一味压抑就会导致人的焦躁、冷漠，进而影响整个社会的发展。文明与本能实际上就是理性与欲望的关系，由此也能解释西方社会的文明发展进程。

同样，马克斯·韦伯认为，弗洛伊德压抑理论是建构在资本主义初级阶段的，享乐型的原始资本主义没有把利润投入再生产，而是用于消费，隔阻了资本再扩大生产的良性循环，也隔绝了对持续性发展产业的建构意愿和规划，这在表象上指向了"消费是消耗"的推断，而禁欲主义伦理便成为资本主义经济繁荣的基础。韦伯认为，获利的欲望，对赢利及最大限度的金钱追求，"存在于并且一直存在于所有人的身上，……可以说，尘世中一切国家、一切时代的所有人，不管其实现这种欲望的客观可能性如何，全部具有这种欲望"② 。欲望具有普世性，超越了时代与国家。资本主义对这种非理性欲望进行了利用，主要是通过新教伦理将这种获利的欲望道德化、合法化了。

可见，弗洛伊德是立足于精神分析的角度，从个体本能角度来分析人类文明发展，而韦伯则是以宗教社会学的视角来洞察人类发展。无论是弗

---

① [奥]西格蒙德·弗洛伊德：《文明及其不满》，杨韶刚译，华夏出版社1999年版，第63页。
② [德]马克斯·韦伯：《新教伦理与资本主义精神》，于晓、陈维纲等译，生活·读书·新知三联书店1987年版，第8页。

洛伊德还是韦伯，其观点提出的背景都正值资本主义处于上升时期，他们的观点从侧面反映出上升时期资本主义社会的发展面貌。当时，只有在更大程度上释放人的需求，才能在更大力度上促进社会发展。但是，他们的观点也都不可避免地存在历史局限，弗洛伊德认为文明与本能恒久冲突，并不存在一直没有压抑的社会。韦伯的宗教社会学观察没有意识到，在资本主义繁荣时期，当物质生产极大丰富，消费需求远远大于生产能力之时，仅凭新教伦理的禁欲主义并不能完全有效解决社会经济发展的问题。虽然两位大师的思想是我们理解文明的重要尺度，但也需要我们对其进行改造发展。

此后，资本主义在蓬勃发展过程中，促进本国社会经济发展的同时，还不断将触角伸向全球，无论在主观抑或客观上都推进了人类文明的发展进程，这正是人类不断释放自身欲望的结果。我们也清醒地认识到，在释放欲望的前期是极为危险的，如若我们认知力不足，把控能力不够，极有可能带来犯罪甚至社会崩盘，乃至令人畏惧的战争等可怕后果。这主要是基于社会有限的生产能力尚不能完全满足社会需求，加之我们对欲望本身的认知不够。如若不加节制地释放欲望，也会忽视人自身的发展提升，以至于斯宾格勒认为西方社会沉溺于享受逐渐走向没落。人类社会的良性发展正是建立在对历史惨痛教训清醒认知的基础之上，这是资本主义繁荣时期及后现代社会在欲望与限制之间面临的伦理难题。

即便进入工业时代，人也不能无限地释放欲望。步入高质量发展阶段，物质已然极大丰富，单凭高额的消费并不一定能给人带来幸福。于是，经济发展便面临新的驱动方式转变，以快乐作为人生的原则和目标成为解决释放伦理问题的关键。在弗洛伊德之后，哲学家马尔库塞就对欲望的释放提出了新的解决方案，"发达工业社会的成就能使人扭转前进的方向，打破生产与破坏、自由与压抑命运攸关的联合。换言之，它使人懂得作乐的科学，以使人在反抗死亡威胁的一贯斗争中，学会按照自己的生命本能，用社会财富来塑造自己的环境"①。现在经过解放以后，这两种冲突反而带来了人们对欲望的冷静思考能力。追求快乐上升为人生原则，也成为一种真正的目的、追求的目标，这也能更好地与当下经济、社会发展相融合，进而探索发展出新的经济模式，以更好地服务当下。

在此，邱伟杰提出的"快乐经济学"，为经济发展提出了新的模式参照。我们倡导的快乐，是建立在人自身天赋本来美成长传播的基础上的满足，即按照自身的兴趣爱好专心投入，通过滋养成长而得到的快乐满足，是一种正向性的快乐，绝非低俗、媚俗、庸俗的浅层次快感。在古代围于当时的社会环境，个人的兴趣发展主要呈现于士大夫阶层，以至于与经济结合的密切程度不高。当下全民大众都有发展个人的兴趣爱好的机会，因而个人兴趣与经济发展的联系至为密切。

以快乐为目标的需求与当下及未来的新经济模式之间有一种天然联系，它将在个性发展与整体发展中协调统一，整体上呈现一种健康的、美的价值取向。快乐原则下个性发展与社会整体发展协调并进。我们认同

---

① ［美］赫伯特·马尔库塞：《爱欲与文明：对弗洛伊德思想的哲学探讨》，黄勇等译，上海译文出版社2008年版，第1页。

"人类的一切活动，最终都是为了实现各自精神上的快乐满足"①，快乐是在满足人类欲望的活动过程中，服从于脑中神经兴奋需要而产生的精神的追求，更应该认同快乐原则是在物质生活已然丰富及个体自身已经成长的前提下，建立在对欲望已经认知基础上的快乐，与早期资本主义完全以欲望为旨归的快乐迥然异趣。对此学者邱伟杰称：

> 这是一种有别于西方资本主义的新经济方式，或称其为"东方美好生活主义"经济方式。它上承千年儒家学士的生活方式，今接现当代哲学的"人性解放"（而绝非人性泛滥），来补充 AI 智能时代下的"人无工作论"。这是有时代性又有未来性的经济探索和伦理探索。在新的快乐原则下，就个人层面上讲，已经可以实现个性化定制，实现个人对需求的新发展方向；在工业产业方面，信息产业化技术促进工业产业变革，工业 4.0 实现工业产业的独特性定制；互联网经济实现了万物互联，大数据、人工智能的发展，令个人需求与社会需求得以极大满足；在绿色经济发展方面，以健康发展为宗旨，实现社会的可持续发展；在人文经济方面，通过倡导一种健康的文化导向，"百花齐放，百家争鸣"，以丰富多元的人文产业经济形态，实现个人与大众的协调统一。

人类社会发展的核心根源在于人本身的发展，经济模式转变的背后也是人自身的转变。将这一成果扩大推广，离不开个人本来美的成长传播。

---

① 陈惠雄：《快乐论》，西南财经大学出版社1988年版，第19页。

第二编

传播学

第一章　西方传播学的发展演进及其特征

人类文明诞生初始，就存在传播观念。人神之间的沟通交互是当时传播观念的核心问题。人类传播观念的发展演进，无一不是在这一关键问题上展开推进的。追溯西方闪族步入多神教的源流以及古希腊以来的人神传播观念，西方神本主义路程漫长。文艺复兴后，人类重新发现自身力量，从先前的神本主义转向人本主义，并依凭理性主义抵达最高序令，在黑格尔时臻于巅峰。西方现代主义思潮接续兴起，回归人自身，在意识领域追溯本源，西方传播观念于 20 世纪初叶在文学、艺术、心理学等诸领域蔚为大观。当此之时，实用主义以及政治学等崛起发展，传播学由此而生。追溯西方传播观念的发展历程以及西方传播学的建立，西方传播学表现出明显的后验性、现象性和控制性特征。

一、西方传播观念的发展渊源

英国历史学家科林伍德称，一切历史都是思想史，意为历史是人类思想意识下的产物。作为历史主体的人，其思想观念及其指导下的实践见证着客观历史，由此也启谕着人回归历史的本来。马克思称，世界上只有一门唯一的科学——历史科学。历史的客观事实本身与美同一，人类基于主体认知观念从不同维度和角度见证着这一存在，并指向本质。由此，人类传播观念的演进与文明进程、美学观念的发展进阶同步并行。最初的传播观念主要体现在多神崇拜时代人神之间的沟通交互上。据后世学者考察，西亚地区兴起的早期游牧民族闪米特人便持万物有灵的多神教观念。因人神物之间能够共通，故而诸物便能启示神谕或疗病治愈。人基于对神的尊崇而产生信仰，并通过食物献祭的方式获取神意。① 人在与神交互中确定自身发展的位置，逐步走出蒙昧，跨入文明。

公元前 5000 年，两河流域的苏美尔人仍然处于多神教时期，却产生了造物主的观念。苏美尔人于两河流域南部兴建城市，尊奉天地之神安启、大气之神恩利尔。人通过献祭与神灵沟通，唯需要见证，楔形语言符号诞生即为表现。苏美尔人的敬神传统被闪米特族阿卡德人接续继承。国王萨尔贡一世率兵征服苏美尔人后，阿卡德人借用楔形语言符号完成商贸、政务管理和祭祀。苏美尔文明之后的乌尔王朝继续尊奉月亮女神南娜，在第三王朝时的《乌尔纳姆法典》中以神的名义将乌尔纳姆确立为王朝唯一合法统治者。公元前 2000 年，闪米特人的一支阿摩利人在巴比伦尼亚地区建立古巴比伦王国。古巴比伦人流传有洪水与造人的故事以及《吉尔伽美什》史诗，见证出当时的人神传播观念。第六任国王汉谟拉比在

---

① 罗杨：《罗伯森·史密斯论闪米特人的献祭与共同体》，《南方文物》2021年第1期。

《汉谟拉比法典》中刻有太阳神沙马什。可见，在西方早期多神教传播观念中，人的行为多是基于神性而彰显合理性与合法性。从众神混乱到众神归位，便是多神教时代人神沟通的传播观念发展见证。

新石器时代起源于黑海—里海地区的原始游牧印欧人，在公元前5000年开始向西推进，其中一支在北欧地区与当地人混融定居，被称为早期日耳曼人。[①]检视其早期神话叙事，最初天地混沌，巨人伊米尔时乾坤未定。众神始祖布里出于牝牛奥都姆布拉，日夜舔食冰雪盐霜，生下博尔，博尔生下奥丁、威利和维。三位神的祖先创造了天地和人。奥丁倒悬九昼夜牺牲自己的身体换取罗纳符号，让人类能够获取知识。奥丁用罗纳符号的歌曲唱出咒语，并把法术传给诸神和英雄。[②]奥丁历经战争成为众神之主，诸神各据一方护佑人类。直到公元前1世纪，日耳曼人依然借助巫术与神灵沟通，狩猎与战争前皆需占卜，以倾听神意，辨别吉凶。占卜由巫师或一族之长主持。北方的日耳曼人、中部的凯尔特人以及南方的闪米特人，都在多神教的信仰下交汇并进，并见证着历史发展进程。

闪米特人曾迁徙流布埃及，随即北上西奈半岛，先借用埃及象形语言符号转化为字母符号，进入迦南，语言符号进一步简化。后将其传给崛起的腓尼基人，最终传到希腊人手中，发展出准确度更高的音素语言符号。在古希腊，先有旧神体系，后发展到新神体系。考古发掘资料显示，人神

---

① 早期印欧人西迁的另两支是凯尔特人和斯拉夫人。印欧人以畜牧为主要生活方式，从公元前4500年至公元前2900年历经三次迁徙，向西横自欧洲大陆渗透进欧洲东部；东北进入乌拉尔大草原，最远抵达阿尔泰山。公元前2000年时，中亚印欧人又以马拉战车的方式挺进印度南亚次大陆。

② 佚名：《埃达》，石琴娥、斯文译，译林出版社2000年版，第46页。

之间的交互可追溯到公元前 2000 年的克里特文明，以恢宏的米诺斯宫殿呈现出来。古希腊的多神教信仰主要体现在奥林匹斯诸神体系中，赫西俄德在《神谱》中系统描述了奥林匹斯众神形象，其中渗透着对希腊文化的想象。诸神各司其职，集中体现出授权给诸神统治者宙斯的神圣公正。但是，宙斯并非全知全能，诸神的行为变化无常，人的命运也多舛难测，不过整体协调，混乱终归于有序。神的高贵、神性（即理性）也集中体现在古希腊的文学作品中，悲剧家埃斯库罗斯、索福克勒斯及欧里庇得斯即利用古代神话来探讨人类状况。史诗中的英雄人物孔武有力、机敏勇敢，却常常因傲睨神明而遭到毁灭性惩罚。神高贵不可侵犯，恰恰也构成了古希腊人敬畏神、不懈追求理性的思想基点。

此外，古希腊早期传播观念中呈现鲜明的理性特征，这尤其体现在人间契约的订立上。人类直观的感性沟通方式多变，希腊人为寻求恒久不变的理性法则，于是将契约托付神意来见证。当时的诗篇也是神意的见证体现。盲人荷马曾以口传的方式传播吟唱史诗，将神祇的意愿撒播人间传承于后世，由此我们方能理解在尚未发明语言符号的时代，恢宏浩繁的文学作品之所以能久远传布的缘由。

古希腊早期哲学家秉持对理性的追求，还体现为对自然世界的本源构成，兼及对实体转变为人们熟悉的感官对象的变化持续深思。人与自然界的对立统一观念成为西方传播思想发展的基础。公元前 6 世纪时，希腊人的政治、道德、戏剧、宗教、哲学等皆有突破性进步，持续激发着自由与个人主义的增长。自然科学与自然哲学盛行于当时，毕达哥拉斯和德谟克利特分别将数和原子作为世界的本源，尽管其背后皆有多神教的根源，却折射出时人对理性原则的深度思考。

雅典作为希腊的文化和艺术中心，一度享有希腊学校之美誉。公元前5世纪后半叶，雅典城市中修昔底德、阿里斯托芬、苏格拉底等思想家云集，相伴随行的经济繁荣和新秩序培育的民主制度进一步内驱着学者们的独立思考和理性行为。新旧思想交替，传统的宗教、哲学、科学和艺术观念遭受批判，否定精神兴盛于前，对新知识的学习渴求也日渐增长。"公共生活为雄辩善说的人提供了精彩的舞台，修辞、演说和论辩的艺术的培养成为实践上的需要。"[①] 古希腊传播思想由人神之间的沟通交互，逐渐转变为注重人类活动本身。尤其柏拉图建构起"理念世界"，为人类探寻真理、改造世界奠定了理论基础，这也成为西方传播观念发展的重要基石。

柏拉图认为宇宙的理性知识是可能的，知识来源于理性而非感性直觉。"理念世界"是对神的世界的摹仿，人在现实中追求的目标是"理念世界"。亚里士多德则另辟蹊径，以形而上学和自然哲学的分支研究引领着传播观念的发展。他的《诗学》《修辞学》不仅涉及美学，更是关乎传播学的重要著作。修辞术的原文为"tekhne rhetorike"，意为"演说的艺术"，包括立论的艺术和修饰辞句的艺术。罗马以后的修辞术着重风格及辞句的修饰。论辩术意为"问答式论辩的艺术"。参辩方就指定的题目不断予以回答，如果问方能推导出逻辑矛盾，进而否定这些前提，问方即取得胜利。其功能不在于说服，而在于在每一种事情上找出其中的说服方式。之所

---

① ［美］弗兰克·梯利：《西方哲学史》，贾辰阳等译，光明日报出版社2014年版，第47页。

以变成诡辩者，不是因为他的能力，而是因为他的意图。[①] 可见，亚里士多德是以逻辑的方式进行推导，其传播的脉络和指向是理性原则。修饰辞句则关乎语言学，这是传播学发展的基础。亚里士多德的传播思想影响巨大，后世的传播思想也在其修辞理论上不断延伸拓展。无论柏拉图还是亚里士多德都秉承宇宙是神的理性设计观念，人经由不同的路径与神沟通交互。其中呈现的至关重要原则仍旧是理性，后世传播观念的发展演进也都能在古希腊学术源流中找到内在的学术理路。因理性直指神意见证，越是呈现理性，也越能见证永恒。历史越往后期发展，认知路径越呈现扩散之势。但是，"理性活动虽然需要运用理智、运用逻辑学，却是以直觉为中心"[②]。人类知识的获取难能离开感性认知，这也必然隐含着西方传播观念中经验主义的发展路径以及心理认知的潜在基础。

公元前 4 世纪，希腊思想文化发展臻于顶峰。亚历山大大帝从马其顿发起进攻，穿越希腊攻打波斯，又征服了埃及、印度等地，使马其顿王国成为雄跨亚欧非的大帝国。希腊被罗马征服，希腊文化却成为"胜利者"。古希腊和古罗马的文明也一度被认为是单独实体，二者历经千年一并兴衰沉浮。公元前 500 年左右，拿撒勒的耶稣在罗马帝国的边缘地区传道、死去，其预言也多为信徒所追奉。其后信徒保罗领导下的宗教运动蔓延罗马帝国及其他地区。公元 4 世纪罗马皇帝君士坦丁皈依基督教迎来划时代改变，大大催进着宗教思想的传播，自此一神教在西方世界确立。当时的传

---

① ［古希腊］亚里士多德：《修辞学》，上海人民出版社2006年版，第20页。
② 黄裕生：《西方哲学史》第3卷《中世纪哲学》，江苏人民出版社2005年版，第375页。

播观念围绕神意撒播，融合理性与信仰、哲学与宗教等诸问题展开。这既是对古希腊学术思想的承续，同时也开启着西方传播思想发展的新转向，即位居最高序令的上帝与人之间的沟通交互成为可能。

奥古斯丁将古希腊哲学思想同基督教思想融合，对古希腊以来所面临人的认识问题、理想问题做出了探研，这些恰是当时人类传播思想中绕不过去的原点性问题。他认为"唯一值得拥有的知识就是关于上帝和自我的知识"[①]，其他所有的科学只是在促进关于上帝的知识这一点上才有价值，并在所有人间的知识中找到最终的价值支点。并且，奥古斯丁认为上帝以绝对理性、绝对精神创造着世界的活动，所有的理念或形式都存在于他的理智中，这实际上是对古希腊柏拉图理念论的新拓展。

人可以经由理性与上帝进行沟通，人神之间的传播也集中呈现出人的主体能动性，由此可以窥观西方中世纪以来人与外部世界、人与最高序令间的传播关系。托马斯·阿奎那接续亚里士多德的研究路径，将形而上学、自然哲学的分支研究与基督教信仰相结合，通过人类经由知识基础上的逻辑来证明信仰之路，开拓出与上帝沟通交互的全新路径。此外，德尔图良、奥利金、波埃修、爱留根纳、司各脱等宗教哲学家也在神学领域持续探究着人的灵魂与上帝之间的关系问题，开拓出传播思想发展的新面向。中世纪的宗教思想是了解西方传播观念的重要切面。由于教会势力壮大，其专断统治渗透进欧洲的政治、经济、文化、军事及社会生活等诸领域，个人与上帝的沟通也多经由教会媒介来完成。

---

① [美]弗兰克·梯利：《西方哲学史》，贾辰阳等译，光明日报出版社2014年版，第165页。

　　中世纪以来欧洲历经文艺复兴、宗教改革以及科学革命，交织创造出前所未有的内在实质，并持续拓展着人类的认知边界。值教会式微，对人的心灵控制日弱，个体理性观念随即展现，个人开始摆脱教会重建与上帝的关系。马丁·路德倡导"因信称义"发动宗教改革，打破教会的信仰专断，教会再也不能成为垄断真理信仰的中保，自此个体追求真理的观念盛行开来。从中世纪后期唯名论与实在论的论争，到文艺复兴时期突破亚里士多德的研究局限，以及倡导独立的自然科学调查，都旨在重新发掘人的力量。在自然科学领域，达·芬奇、哥白尼、伽利略、开普勒、牛顿等人，将科学手段、直观经验、精确的数学以及神秘的审美融合，洞察出自然界的无穷奥秘，人与上帝之间的关系认知也发生着变化。西方近代科学主义兴起后，数学已成为学术研究不可或缺的支撑，到19世纪末数学统计方法被应用到社会科学领域，出现了一批实证性的研究成果。无论是思辨的、实验的还是数据的，这些研究方法都为现代传播学的出现提供着支撑。

　　哥白尼提出日心说，以科学事实动摇了人类在宇宙中居于中心地位的观念，撼动着中世纪的神学统治权威。哥白尼对人类在宇宙中心地位中所做的根本移动，在达尔文处进一步得以强化。达尔文的观察发现，人类的命运不再是由上帝决定的，人类只不过是一个进化中的、转瞬即逝的物种，"适者生存"成为生存法则，这直接打破了上帝创世的信仰。达尔文的进化论影响了马克思，并催进着人与社会关系理论的发展；斯宾塞的社会达尔文主义被引入社会学领域，后来影响了大众传播理论的建构。除此之外，达尔文还认为人类情感与动物情感都呈现进化论的共通性^①，从生物学领域对人类情感问题的关注，启发着后人对知识来源问题的探究。伽利略借助望远镜观测天体，进一步证实了日心说的正确性，同时也证明人类可以通过观察具体事物来获知宇宙本质。人类掌握了驾驭自然力量的理性力量，这鲜明呈现出人类传播实践的鲜明特点——世界是可控制的、可计算的以及可被完全认知的。对人类自身力量的持续发掘和认知，带来的结果之一便是大众传播观念的兴起。

人类的认知观念以经验主义从外部打破，科学技术的发明进步助推着西方走向现代化和世俗化。科学主义催动着经验主义思潮兴起。经验主义强调感觉经验是人类知识的来源，以弗朗西斯·培根、托马斯·霍布斯、洛克、贝克莱、休谟为典型代表，影响了18世纪的欧洲启蒙主义思想。贝克莱将经验主义推向极端，他只承认存在于感觉中的对象；休谟则是否定一切的怀疑论者，持续挑战着人的认知观念。同时，与经验主义哲学相伴的是浪漫主义文学思潮的兴盛和美学观念的随行，这些都是传播观念的体现。

回归西方理性主义的传播观念发展路径，哲学从中世纪为宗教服务转向为科学服务，并一步步将人类的认知推向高峰。笛卡儿用逻辑推理的方式表明，上帝的存在基于人类理性的确立。他将自我视为自足的主体，既是对上帝信仰的祛魅，同时也意味着人与自然界的分离。"理性主体与物

---

① ［美］罗杰斯：《传播学史：一种传记式的方法》，殷晓蓉译，上海译文出版社2001年版，第64—66页。

质世界二元对立的结果便是科学。"[1] 科学自此成为人类的解放运动，它以诉诸常识且个人能接触衡量的具体实在来指导着社会发展。人类能够得到反复验证的确定知识，也成为自然界的主人。人类掌握的科学原则与社会各领域相结合，旧的社会观念被持续颠覆，社会也经历着新的变革。

科学主义提倡确定性和必然性，也要求持续开拓创新，但是理性主义原则中单纯的概念推演却难以涵盖全部的感知经验。经验感知是人类信息知识的直接来源。在理性主义者看来，感性认知只有上升为理性概念才更加具有可靠效力。科学主义的发展要求涵盖感性认知，同时也在扩展着理性主义的范围，由此感性主义和理性主义二者之间矛盾凸显，这便引致了康德对其关系的协调[2]，最终经由黑格尔集其大成。

马克思将唯物主义的研究路径发扬光大。"人们在理解现实世界（自然界和历史）时，按照它本身在每一个不以先入为主的唯心主义怪想来对待它的人面前所呈现的那样来理解；他们决意毫不怜惜地抛弃一切同事实不相符合的唯心主义怪想。"[3] 同时，马克思将辩证法归诸外部世界与人的思维运动的一般规律，创造性地突破发展了黑格尔的辩证法，这便有效解决了自然科学与自然哲学的对立问题。马克思主义传播观念的巨大作用还体现在社会实践领域，它促使人们努力探寻社会运动的规律，探究社会发展的动机。法兰克福学派和以社会研究著称的批判学派对马克思主义和弗

---

① [美]理查德·塔纳斯：《西方思想史》，吴象婴等译，上海社会科学院出版社2007年版，第309页。

② [德]康德：《康德三大批判合集》（注释版）（上），李秋零译注，中国人民大学出版社2016年版，第6—7页。

③ 中共中央马克思 恩格斯 列宁 斯大林著作编译局编：《马克思恩格斯选集》第4卷，人民出版社1972年版，第238页。

洛伊德理论做了一种理智结合。法兰克福学派侧重研究马克思、弗洛伊德以及先锋派的艺术和文学。马克思主义及其近代的批判学派的理论团体堪称经验学者思想和概念的一个来源。[①]批判学派注重大众媒体的所有权和控制问题，这些课题引致了传播学先驱拉扎斯菲尔德经验主义研究者的学术兴趣，后者沿着传播效果的方向深研传播领域。

西方现代传播观念孕育于费尔巴哈等人对黑格尔古典哲学的批判，并以叔本华、尼采为开端揭示人对真理问题的认知。柏格森称生命是活的意识，是自由的创造性。直觉是人的本能，由本能到直觉的方法使人的理念转向人本身。生命的驱动和创造性直接助推出人类创造性成果的发展。这在观念传播上的集中表现便是19世纪末20世纪初意识流小说的盛行，无论是普鲁斯特、伍尔芙还是乔伊斯都注重人的心理意识，并能从中寻找到理论支撑。

追溯西方近代心理学的发展，文艺复兴之后近代物理学兴起，心理现象与物理现象相对应而存在，19世纪中叶冯特以科学实验的方法来研究人的心理，科学心理学正式诞生。布伦塔诺将心理学定义为一门关于心理现象的科学，以示与物理现象的内外之别。布伦塔诺的学说直接影响了弗洛伊德的精神分析。弗洛伊德进一步推进心理学研究，他以实证的方式证明人存有无意识的力量，并且这些力量决定着人类行为和意识的觉醒。他以自我、本我、超我的心理构成，解释了压抑、投射的机制，并揭示着关于心灵特征及内在动力的见解。弗洛伊德将人类的无意识展现在理性研究

---

① [美]罗杰斯：《传播学史：一种传记式的方法》，殷晓蓉译，上海译文出版社2001年版，第132页。

之下。他的精神分析理论深刻影响了文学、社会学、政治学和人类学等学科。如20世纪初兴起的超现实主义就在其理论中找到了支撑。弗洛伊德的理论通过批判学派、拉斯韦尔等直接影响了传播学领域，并经由传播学先驱霍夫兰传承下来。

现代传播学科的建立肇始于美国。美国传播学兴起直接基于信息技术进步下大众媒体的崛起，因关注现实问题需借助媒体力量，以着手解决传播应用和效果问题。在此背景下，以芝加哥学派的社会学研究者为发端，杜威、米德、帕克等学者从不同维度研究大众传播，成为传播问题研究的先行者，并催进着传播学科的创立。如果说实用主义学者还曾关注人与上帝之间的沟通交互，那么其后西方传播学的研究则已然和最高序令沟通交互渐行渐远，是以纯粹的实用效果为指向推进研究。在传播学科的建构过程中，拉斯韦尔、卢因、拉扎斯菲尔德和霍夫兰这四位学者对丰富传播学的理论、框架体系贡献显著，被誉为"传播学四大先驱"，接续由施拉姆建立了现代传播学科。

现代传播学在20世纪40年代起诞生发展至今，在此过程中基于不同的学科背景和研究旨趣，大致形成了传统学派、批判理论学派和媒介技术学派三大研究路径。传统学派多采用注重科学量化的社会科学研究方法，其研究兴趣主要集中在传播与人的行为问题上，"通过传播来控制和修正人的行为"[1]，并侧重于传播效果的研究，其理论多被用于社会治理。而批判理论学派则以思辨的人文科学研究方法为主，但是各学者也在自己视角

---

① 段鹏：《传播学基础：历史、框架与外延》，中国传媒大学出版社2020年版，第102页。

维度上深耕细耘，或采用宏观视角如政治经济学理论、意识形态理论，或采取微观视角如文化研究、结构主义－符号学、女性主义等，并裹挟在后现代主义思潮中。媒介技术学派的诞生，基于西方传播学发展过程中注重技术中介的观点，"媒介中心"要素变为核心要素，而其他变量则居于次要地位。不管如何，传播学中传统的控制论、信息论和系统论仍然为其发展的重要理论基石。

伴随全球化进程加速，大众传播的视野逐渐扩展到文化领域，随之而来的是跨文化传播理论的兴起。传播学在技术、内容、形式以及影响等诸方面都呈现不同的发展景观，一度呈显国际传播的新形势、新样貌。在国际视野中，发展传播理论兴起，突出媒介在现代化发展过程中的独特作用，注重"相关信息内容的分析""比较性研究""政策研究"等内容。[1] 此外，还有健康传播，以及当下正炽的通信技术、人工智能、大数据、云计算、区块链、MR/VR/AR 等新技术手段支持下的智能传播等，不一而足。

总之，从近代以来，在科学实证主义思想的支持下，传播学随着学科研究的分化和深入，愈加呈现细化、深入、分散的趋势。无论是从个人到群体的研究，还是对文化、生态的研究，以及对所关注的不同区域主体的研究，都呈现出人类认识的范围扩大、后验主义特征愈显之势。凡是信息流动的地方都有传播，人们专注于形而下的现象性传播实践与信息，形而上的本体性理论建构反而愈发显得困难了。这是从现代主义发展到后现代主义出现的必然现象，也是当下传播学在发展过程中所需历经的路途。如

---

① ［比］瑟维斯、［泰］玛丽考：《发展传播学》，张凌译，武汉大学出版社2014年版，第21页。

何将分散零散的传播现象赋予意义并贯通整合，恰恰是传播学未来发展的任务所在。

二、西方传播学的基本特征

西方传播学的发展根植于西方传播学科建立的底层逻辑。梳理西方传播观念的变迁，我们发现西方传播学呈现鲜明的后验性、现象性以及控制性特征。

1. 后验性

（1）西方早期传播观念的先验特征

无论是西亚的闪米特人和印欧人，还是爱琴海沿岸的古希腊人，人神交互过程中众神都居于主导性地位，故而从本质上讲早期的传播观念都呈现出先验特征。如古希腊人曾把海洋之神俄刻阿诺斯和海洋女神忒提斯作为创世祖先，毕达哥拉斯学派皈依奥菲斯教并尊奉酒神狄奥尼索斯。苏格拉底也声称"全智全能的神是宇宙万物中普遍的最高理智，这种神就像人身体中的努斯能随意指挥身体一样，充满宇宙的理性，也可以随意指挥宇宙的一切"[①]。把握传播观念的关键在于确立绝对与相对、无限与有限、本源与路径。多神教发展到一神教，传播观念的转变便是如此。因此，我

---

① 姚介厚：《西方哲学史》第2卷《古代希腊与罗马哲学》，江苏人民出版社2005年版，第487页。

们不能将之与《圣经》中"撒播"传播方式截然对立：耶稣在《马太福音》《马可福音》《路加福音》中都以布道者的形象出现，都曾使用"播种者寓言"。[①] 其实，这是与东方传播观念一致的单向撒播方式，是以一种至高无上的本体向世间万物进行传播。

柏拉图的"理念论"延续着理性思想观念的进程，也呈现出感性世界与理性世界的对立统一。亚里士多德在终极宇宙观念上与柏拉图如出一辙，提出形而上学的思想框架。二者对神性的先验推崇毋庸置疑。他们的学说也分别被中世纪哲学家奥古斯丁和托马斯·阿奎那借用来阐发人与上帝间的关系。可见，柏拉图和亚里士多德都已在突破传统的多神教思维。随着基督教兴起，上帝成为唯一先验的存在。欧洲统治者将教会作为自身统治的支柱，不可一世。科学被教会支配，人也通过教会的中保来完成与上帝的沟通。基督教会绝非否认理性，而是运用逻辑的方式从《圣经》出发演绎、推断事实，以此来证明上帝的存续，进而维持教会的统治权威。实际上，这是教会代上帝行事。后来马丁·路德坚持"因信称义"，推行宗教改革，教会的专断地位开始崩塌，个人对上帝的信仰重新确立。

文艺复兴后西方在理性主义观念中绝非完全否定上帝，而是试图以人的理性来证明上帝的存在，这成为西方传播观念的重要表现，从笛卡儿开始，经康德到黑格尔集其大成。由此，人借助理性能够获知相对确定的知识，进而触及终极问题。而感性经验作为人类获得知识的来源却不可或缺，这引发了法国和英国的经验主义思潮盛行，洛克的追随者有詹姆

---

① ［美］约翰·彼得斯：《对空言说：传播的观念史》，邓建国译，上海译文出版社2017年版，第75页。

斯·穆勒、J.边沁、孔多塞、霍尔尼等，贝克莱、大卫·休谟紧随其后。当此之时，经验主义的感性认知催生出了美学学科。随着科学实证主义的发展，人类认知范围扩张，研究逐渐聚焦于具体问题。但就传播观念而言，理性主义依然为主流。西方传播观念以感性方式或者理性方式完成对本源问题分歧的追溯，二者分野造成的后果就是双方各执理念，对本源和路径问题持续深入探究，诸学科的细化发展日显，进而为现代传播学科的建立奠定着基础。

（2）传播学研究的后验性特征

伴随 19 世纪工业革命迅速勃兴以及 20 世纪城市化发展进程加快，西方大众传播发展迅猛。人类社会的传播手段和传播对象变化巨大。在此前书籍、报刊媒介发展的基础上，广播、电视的诞生与普及，使原先的一对一传播发展成为一对多，大众传播成为一种独立的社会系统。传播在现实中的作用日显，尤其是在两次世界大战中宣传作用突出，学者关注日多，传播学自此诞生。

审视传播学四大先驱，他们的研究都聚焦实际问题，后验主义特征明显。拉斯韦尔将心理学引入政治学研究，并着力于政治宣传和战时宣传，以揭示人与社会文化之间的关系；卢因则致力于社会心理学研究，专注于群体与个人之间的关系，并将凝聚力视为群体的首要属性，"洗脑"成为传播研究的应用表现；拉扎斯菲尔德则以致力于针对美国大选选民的实践调研；霍夫兰的研究主要聚焦于"传播态度"上，即用何种方法能有效促使人们接受或改变某种态度的问题，以及如何能取得最佳的传播效果。传播学科创始人施拉姆则积极整理前人有关传播问题、有价值的思想传说，同时提出了诸多传播学新观点和新理论，如传播的直线型观点、阅读的"即时报偿"和"延缓报偿"概念等，极大地丰富了传播学研究的内容。传播学科建立之后，在传播技术的推进下传播学可以与诸多学科交叉混融，并在实际应用中得以切实体现。人们试图以掌握信息的方式全然了解社会。当下大数据的运用让传播研究更加便捷，人们多将非理性的传播现象以理性的方式呈现出来，迷恋于技术手段以及方法的运用，聚焦数据却常常忽视了传播主体。存在主义兴起后，声称人的存在先于本质，隔绝了人本来美的先验本质，倡导存在主义便是人道主义。后现代主义兴起后，人的存在也被消解了，存在也沦为物的存在。与此同时，传播学研究也多借助实验自然科学模式的理论和研究方法，通过"提出问题""做出假设""对假设进行检验""形成理论"的假设—演绎法，这一方法以假设为依据，通过对部分复杂现象进行分析、实验，进而得出验证性论断，呈现鲜明的后验主义特征。

2. 现象性

（1）近代以前西方传播观念的本体性表现

在人类社会早期发展阶段，思维与存在统一是中西方共通的现象。西方学者研究认为，早期人类在发展过程中与自然之间属于一种征服与被征服的关系[①]，故而西方哲人在思考世界本源时，常将人与世界的本质对立分

---

① ［德］阿诺德·盖伦：《技术时代的人类心灵——工业社会的社会心理问题》，何兆武等译，上海世纪出版集团2008年版，第4页。

隔开来，如柏拉图将理念世界与感性世界分隔，便呈现出主体与客体的分离倾向。人认识观察世界的方式是传播观念的重要基础点。神是宇宙的主宰，当时古希腊学者尚未将人视作独立行动的主体。后来学者将人作为主体思考世界，提出人是万物的尺度，是近代人文主义的思想观念，同时也是近代传播观念发展的见证。在中世纪时，西方的传播观念主要体现在人与神之间的关系上。哲学家思考世界的本源是由上帝创造的还是本来就存在的。人们为了脱离尘世，追问灵魂的归宿与救赎。宗教生活与现实尘世生活呈现对立的一面。但是，教会作为人与上帝之间传播沟通的媒介，以上帝的名义行事冀图统治一切。就传播观念而言，中世纪以前神处于绝对主导性地位，人神之间是一致的，并呈现本体性的特征。

西方近代传播观念的集中表现便是重新发现人的意义，这也是文艺复兴以来西方的个体自觉呈现。其突出表现便是人与神之间的分离，如笛卡儿以逻辑的方式证明上帝的存在。西方理性主义者沿循古希腊的发展路径推进前行，摆脱了上帝的束缚进而专注于现实。在现实中便体现为人类如何征服自然、改造社会，从而带来了自然科学的长足进步。弗朗西斯·培根就积极主张人应该征服自然，使之为人类服务。他作为经验论者，企图以人的感性认识作为统一思维与存在。唯理论者则冀图以人的理性认知统一思维与存在。因人与外界的征服与被征服，才呈显西方传播观念中的主客二元对立，也展现出西方传播观念中人的无限潜力。尽管其最终的指向通往绝对，却见证了全然的理性主义传播路径行不通。黑格尔以后，西方学者继续在认识世界的本源问题上追问，引发出传播观念的巨大变革。

叔本华从人的意志角度来追寻世界的本源问题，其后尼采直接宣称上帝死了，颠覆了延续数千年的绝对力量观念，自此人类开始步入相对力量的传播观念中。因局限于人的相对力量本身，才激发出存在主义者将相对视作绝对，承认人的存在先于人的本质，由此人的价值只能以人存在本身来验证，忽视了天赋本来美，传播观念的现象性特征愈加凸显。实证主义学者冀图打破传统的"主客二分"思维方式，认为科学观念是关于纯粹事实的问题。现象学创始人胡塞尔认为实证主义抛弃了哲学的根本使命，需对自然科学与理性问题的哲学进行区分。海德格尔则认为语言是人存在之家，在更为本源的问题上进行追溯，这也成为传播学中媒介研究的新发展。[①]在此方面，科学主义的思潮不容小觑，20世纪50年代库恩、奎因、夏皮尔等人主张科学逻辑和科学方法的恒定主导性作用，"不存在构成理论语言之意义基础和真理性基础的记录'直接所与'的观察语言，真理与谬误的裁决只能是特定共同体的'集体制度'"[②]，如此也导致了人的主体性的消失。解释学、心理学等诸多学科都从自身的观点出发，来解决"主客二分"的问题，这也呈现出学科的分化与细化之势。对社会科学的深研推进，进一步催生着20世纪传播学科的出现。

因此，追溯西方古希腊以来的传播观念，西方近代以前的传播观念本体性特征明显，近代以后的传播观念多专注于人类自身，反而忽视了人与更高序令之间的沟通交互，现象性特征突出。

---

① ［美］戴维•J.贡克尔，［英］保罗•A.泰勒：《海德格尔论媒介》，吴江译，中国传媒大学出版社2019年版，第32页。

② 梁碧、曾建平：《西方主客二分论的历史命运》，《求索》2004年第5期。

（2）传播学新发展下的现象性特征

追溯传播学史的发展，罗杰斯认为传播学在 1900 年以后的美国崛起，在相当程度上受到进化论、精神分析理论和马克思主义理论的影响，这从另一个侧面说明了传播学与社会科学间的密切关联。尤其是 20 世纪初，经济学、社会学、心理学、政治学、人类学五大社会学科在美国的建立，经验主义特征明显，传播学与社会经济政治问题关联密切。[①] 传播观念不再聚焦人类认识的本源性问题，反而专注于当下了。无论是传播学四大先驱，还是传播学创始人，我们都能在这一路径下寻到根脉，而传播学的现象性特征愈加显著。

自 20 世纪 90 年代以来，传播学界少有新的理论提出，多为对既有理论的修补，或者反思如何在新媒介环境拓展"旧"理论的适用性[②]。西方传播学研究并未停滞，也在发生着急速的变化。一方面，传播学作为交叉学科，极具兼容性。传播学与其他学科的交叉互融现象更为凸显，且门类传播学研究延伸到了社会生活的各个领域，甚至呈现无处不传播的景观。尤其是数字技术的运用，人类社会呈现出前所未有的传播面貌，为大众传播学的发展提出了更多新课题。另一方面，传播学并不止于在横向层面拓延，也在关注传播的思想观念。如彼得斯对传播观念的研究，认为思想是传播学所无法回避的视域，应当是学术领域最为关键的因素。传播现象纷繁复杂，如何回归人本身，在本体意义上重建传播思想史便成为亟须解决

---

　　① ［美］罗杰斯：《传播学史：一种传记式的方法》，殷晓蓉译，上海译文出版社2001年版，第5页。

　　② 雄壮、方惠、刘海龙：《2016年中国的传播学研究》，《国际新闻界》2017年第1期。

的问题。当下在理论建构方面的重要呈现便是媒介研究。回溯历史，与媒介研究有关的学派和思潮，较引人注目的是由美国学者尼尔·波兹曼创立的媒介环境学派、以德国学者弗里德里希·基特勒为代表的媒介技术哲学、法国学者雷吉斯·德布雷所倡导的媒介学以及兴起于西北欧的媒介化理论等。虽然学者基于各自的研究侧重点立场有别，但都强调媒介的物质性和对社会的组织、建构能力，都主张要把媒介视为一种无形无象的隐喻。这些理论表现出媒介的丰富内涵和本质，使传播研究在一定程度上脱离了功能主义的困境。① 西方学者对传播现象的综合性研究，使我们以更为综合性的视角来观察人类社会，但是传播主体的本体性仍未得到解决。这也启发学者以更为宏阔的视域和在更高序令上进行思考传播现象与传播本体间的关系，绝非仅仅困于现象性的传播学研究状态。

3. 控制性

（1）传播学发展进程中的控制论表现

控制论、系统论和信息论是传播学领域中最具代表性的理论。系统论研究的是组织各部分之间的关系，控制论研究的是控制与调节，而信息论则注重信号的测定与传送。这也折射出传播学与社会学的紧密关系。实用主义直接影响下的西方传播学强调立竿见影的传播效果。由此，伴随现代媒介、媒体的发展，系统论、控制论和信息论便被广泛应用于自然、社会、生物等各个领域。

追溯系统思想的形成，始于 19 世纪黑格尔的理论。他将世界视为一

---

① 方惠、刘海龙：《2017年中国的传播学研究》，《国际新闻界》2018年第1期。

个过程，看作对立统一的矛盾体。其后，卡尔·马克思将该思想应用于社会权力分配中，激发着劳动工人与资本家进行斗争，由此也开辟出传播研究的新路向。20世纪奥地利生物学家贝塔朗菲提出了完整的系统论。在生物和人类社会的系统中，都鲜明呈现出整体性、等级性、自我调节性、变化适应性以及终结等基本特征，故而系统在发展过程中具有自我调节和控制的特性，其重点便是传播效果的反馈。[①] 社会的反馈恰恰是通过信息传递的，故而信息的传输与接收尤显重要。传播学的建立与大发展，正是建立在信息技术的突飞猛进上。尤其是第二次世界大战后美国的报业、广播、电视迎来大繁荣，信息传播在深度和广度上持续升级。且为了适应战争与政治的需要，美国的政治家、社会学家和心理学家们纷纷以战争宣传为突破口，展开了对媒介宣传的方法和效果控制研究。当此之时，恰逢商业欣荣，美国的传媒多为资本家所控制，借助传媒宣传以获取海量商业利益也为大势所趋。接续而来的是，传播学适应了资本主义国家对外宣传的需要，新闻媒介在宣传西方的价值观过程中作用甚大。这便是大众传播学兴起繁盛的表现，从早期的报纸、杂志、电影、广播、电视，到后来的互联网，其核心问题是传播者与接收传播者之间互相领会对方的含义。[②] 以至于有西方学者认为，传播在本质上就是一种话语研究，但是话语又是特定语境中所形成的特定文本[③]，传播便是在特定话语基础上形成的传播实

---

① [美]斯蒂文·小约翰：《传播理论》，陈德民等译，中国社会科学出版社1999年版，第73—86页。

② [美]梅尔文·L·德弗勒，[美]埃弗雷特·E·丹尼斯：《大众传播通论》，颜建军等译，华夏出版社1989年版，第3页。

③ [英]诺曼·费尔克拉夫：《话语与社会变迁》，殷晓蓉译，华夏出版社2003年版，第4页。

践活动。在系统论发展过程中，集中呈现出结构主义、功能主义等典型特征。结构主义源于索绪尔语言学，注重语言和社会系统的组织结构，并与相互作用理论中的语言符号运用结果明显有异，也与阐释主义理论中语言创造了意义世界有别；功能主义则源于生物学，强调有组织的系统维持自己的运转方式，二者都着眼于系统的整体性发展。因在传播学中有信息接收反馈，因此涉及个体的认知理论，传统心理学行为主义中的刺激与反应即为基本表现。总之，系统论、控制论和信息论在传播学建立发展过程中的基础性作用突出，它们都未能从根本上专注于本来美及其成长的传播，控制论特征明显。

麦克卢汉在《理解媒介》一书中称，"我们这样的文化，长期习惯于将一切事物分裂和切割，以此作为控制事物的手段"①，直指西方传播学中的控制论现象。因传播学的兴起是建立于社会学等学科基础上的，而在社会学领域中的社会控制理论极具典型性。追溯社会学理论的特征，也将能明晓传播学的控制性表现。美国学者本尼格将社会理论分自主理论和目的行动理论两种基本类型。有目的的行动理论把个体行动者看作是为牟取个人利益而控制"事件"。行动理论家将变迁视为有目的行动的产物，他们试图根据个人利益优先、权力关系和对事件的控制等方面寻求解释。系统理论家则把社会视为一个具有其内在逻辑和自动动力的自维持过程。所以在系统方法中，社会变迁是因为系统外部已经有所变化了。这种变化改变了系统内部因果关系的平衡，又通过这些平衡关系的破坏，使之受到控制或抑

---

① ［加］马歇尔·麦克卢汉：《理解媒介：论人的延伸》，何道宽译，译林出版社2011年版，第19页。

制。平衡的破坏能由自主过程引起，它也能从目标控制或过程控制获得。在这两种系统中，过程控制对行动层次都是自主的 ①。

对传播学发展的控制性倾向，我们也可以从早期传播学的奠基人物着手审视。如传播学的先驱拉扎斯菲尔德在 20 世纪 30 年代中期开始研究广播，以至于其广播研究项目创造了大众传播的研究的新领域——传播效果研究。他开创了人际传播途径作用的研究，这种途径在传播运动中是与大众传播途径相对立的。而拉扎斯菲尔德对传播效果的研究关注本身就是一种控制论趋向。传播学先驱卢因提出了"把关人"的角色，因信息在传播网络中布满了把关人，在一切的信息的采集、制作过程中，传播者都起着把关过滤的作用。传播学先驱霍夫兰的说服实验使传播研究朝传播效果研究方向发展。他将说服研究引入传播学，传播本身就有控制论的意味。拉斯韦尔在其博士论文《世界大战时期的宣传技巧》就声称宣传在战争中的作用举足轻重，"当所有的许诺都被作出，所有的过分估算都被削减到极点时，事实仍然是，宣传是现代世界中的最有力的工具之一" ②。他持续用科学的方法分析和研究宣传的功能及其社会控制功用，开辟着传播研究的路径。而拉斯韦尔 5W 模式，奠定了传播学研究的五大基本内容：即控制分析、内容分析、媒介分析、受众分析以及效果分析。这五种分析涵盖了传播研究的主要领域。无论分析基于何种立场，传播行为本身仍然属于控制论的模式。传播学的建立者施拉姆一直致力于传播实践，而具体操作中

---

① 参见[美]本尼格：《控制理论和社会变迁——对系统和行动研究的综合》，[荷]盖叶尔，[荷]佐文：《社会控制论》，黎鸣等译，华夏出版社1989年版，第163—164页。

② [美]罗杰斯：《传播学史：一种传记式的方法》，殷晓蓉译，上海译文出版社2001年版，第186页。

仍然是控制论的体现，他着力于使一个人的价值观念和行为发生重要的转变，通常就要从改变其珍视的团体态度入手。

（2）实证科学与传播学的控制特征

虽然人们对科学主义的认知不同，但是都认同科学是优越的认知模式，可以凭其获得真实可靠的知识。一般认为自然科学的方法应该被应用于包括哲学、人文学科和社会科学在内的一切研究领域，断定只有采用这样的方法才能富有成果地获取知识。[①] 甚至有学者认为，科学主义者相信科学能回答人类所有的问题，它使科学成为哲学、宗教、习惯方式和道德的替代物。当然，我们总体上认为，自然科学知识是人类知识的典范，它是相对精确、可靠的。自然科学的方法特别是物理科学的方法应该被应用于包括人文学科和社会科学在内的研究领域，这样的方法应该富有成效地被运用到知识中。[②] 科学主义恰恰成为自文艺复兴以来西方社会人类传播过程中的指导思想。

科学主义在16—17世纪初表现得极为突出，如伽利略所加入学习的林西安学院在组织章程中就提出："林西安学院要求它的成员是渴求真知识、愿意致力于研究自然（尤其是数学）的哲学家。同时它并不忽视增加风采的、高雅的文学和语言，它们就像优美的红石榴宝石一般，装饰

① Philip Babcock Gove. Webster's Third New International Dictionary. Merriam Webster，1976.

② 杨寿堪：《20世纪西方哲学科学主义与人本主义》，北京师范大学出版社2003年版，第65页。

科学的整个躯体。"① 正是基于人们对自然科学的兴趣与研究，科学工具相继涌现，同时也促进了天文学的进阶，尤其是 1543 年尼古拉·哥白尼发表《天体运行论》，以自然科学的事实性发现打破教会的思想垄断。通常言之，人们所遵循的科学我们称之为实证主义科学，它在近代发展为一种盛行的潮流。科学工具的发明，也促使数学家对计算、测量符号标记方法的革新。数学不仅成为一切科学的必要工具，也成为科学的目标。科学开始从哲学中解放，将专注点从形而上学转向大自然，以新的方法致力于改良地球上的人类生活。这既是当时理性时代的核心，又是传播观念的重要转向。无论理性如何发展，科学只接受数量、数字的表达且能够进行实验的证明。科学主义思潮在近代历史中发展的逻辑程序为，17 世纪为数学和物理学，18 世纪为化学，19 世纪为生物学，20 世纪为心理学。陈卫星指出，在两个多世纪的近代科学阶段，处于科学现象层面的"实证论"（还原论）一直是科学界的主流，并创造了辉煌的业绩。实证论以确定性、有用性为主要特征，并把科学发现和发展完全建立在"可观察性"和"可测试性"的基础上，实际上人类认识自然的方法限定在人的五官感知上，因此西方近代科学的认证模式以"实验、实证"② 为标志，这也反映着现代传播学的主要特征。

　　从 17 世纪起，实证科学的方法就以各种方式渗透进政治学、历史学、经济学和人类学中。因此，英国学者巴特菲尔德说，设想近代科学存在于

---

① ［美］威尔·杜兰特：《世界文明史·理性开始的时代》，台湾幼狮文化译，华夏出版社2010年版，第615页。

② 陈卫星：《传播的观念》，人民出版社2004年版，第27页。

其自身存在的领域之中，那将是一种错误。从一开始，它就决意要潜入人类历史的所有其他部分，其倡导者们就确信它将获得超越所有其他事物的主宰地位。① 显然中世纪以后，科学渐趋取代宗教，呈现出冀图以科学主导一切的表征。事实上，既然我们遵从科学具有不以人类意志为转移的确定性，那么科学便是先验的。自然科学的分支学科，所实证得来的确定性，只是在分支学科的一隅见证。人基于自身的兴趣爱好而注重于某一门类，所见证的是事物一隅，绝非全部，这是基于自身天赋本来美而获得的确定性见证。纵观历史，我们也难能分清古代巫术与近代科学的绝对界限，所谓的科学只是至高序令下的准则轨道，而非控制一切的标准。对此，伊曼纽尔·沃勒斯坦声称：

> 科学是人类不可缺少的探险，也许是伟大的人类探险。我认为科学包含两个相对适中但又绝对至关重要的论断：(1) 存在着一个不依赖于我们任何人的感知而存在的世界，它一直存在，而且还将存在下去——这种论断让我们拒绝唯我主义宇宙观；(2) 这个真实的世界可以通过实际经验被部分地认识，允许我们把这种知识总结成探索性的理论。尽管完全了解这个世界、准确地预测未来是根本不可能的（因为未来是不确定的），但是为了更好地解释现实世界、改进我们生存的条件，我们尽力去寻求知识是非常有用的。然而，世界的现实是不断变化的，所有的解释肯定是暂时的，我们最好在对实际问

---

① ［英］赫伯特·巴特菲尔德：《科学史与历史研究》，吴国盛：《科学思想史指南》，四川教育出版社1994年版，第167页。

题作结论时十分谨慎。①

　　当然，我们深信没有科学，我们不会比存有科学的现在更好。人类大众传播本身可以通过实证科学的方式进行验证，但是对于高于人类力量的传播也能尽用实证科学方式来验证吗？显然，人的方法和认知只是见证。

<hr />

① ［美］伊曼纽尔·沃勒斯坦：《知识的不确定性》，王昺等译，山东大学出版社2006年版，第6页。

第二章　中国传播学的发展演进及其特征

　　中国的传播概念含有单向传送、撒播的含义，与西方 communication 的双向交流概念明显不同。追溯中国传播观念的发展，可以循见中国古代天人秩序下个人发展的中心主旨，呈现以自性本来美为核心的本质，且自含本体性和呼唤性的特征。在此，我们亟需建立中国本土化的传播学。

一、中国传播观念的发展渊源

　　传播一词在中国古代典籍中早已有载。从字义上看，"传"与"播"都含有单向传送、撒播的含义。《说文解字》载："传，遽也。从人，专声。"清代段玉裁称："遽，传也。"传，既指专属传递之人，也用来指驿站所备之车，后来引申为传递、传送及流传之意。《孟子·公孙丑上》载："速于置邮而传命。"《盐铁论·非鞅》称："功如丘山，名传后世。"孔颖达疏："士位卑，给车马役使，故称传遽。"意为传递之人位卑，自然是基于当时社会秩序下与位高者相对应而产生。播，意为布下种子，《说文解字》载："从手，种也。一曰布也。"《诗经·豳风》载："其始播百谷。"《礼记·礼运》称："播五行于四时。"传播一词连用，见于《北史·突厥传》："文帝下诏曰：沙钵略往虽与和，犹是二国，今作君臣，便成一体。已敕有司，肃告郊庙，宜传播天下，咸使知闻。"意指突厥首领沙钵略称臣，天下君臣秩序归位，需祭拜天地祖先，让天下知晓。在中国古代传统社会，天的位格最高，天生万物，人乃万物之灵。天意无处不在，人的成长和传播也就具备了基础前提。因此，从本源上讲，传播就是传递天意，属于至高序令对人的示意与启示，属于单向撒播。

旧石器时代的东亚地区，诸地旧有土著星布分散，各自呈显鲜明的地域特征。早期西伯利亚居民以贝加尔湖沿岸为据点，或东移北上进入北美大陆，或东移经大鲜卑山折南向下进入中原^①，或由贝加尔湖沿岸径直南下进入蒙古草原地域。因地理环境有异，先民的生活方式亦有不同，由此将早期初民分为毡帐百姓、林中百姓和农耕百姓。在历史发展进程中，大致以今天的长城为界，南北明显地分为游牧与农耕两大区域。

在人类的多神信仰时代，人与神之间的沟通交互是人类发展过程中必须面临的问题。在人神杂糅时代，先民就通过萨满与神灵沟通。所谓萨满，是指人们以神灵附体或控制神灵的方式，达到与神灵沟通目的的通灵人，或医、或巫、或星、或占，不一而足。在原始的萨满信仰体系中，天为主神，位于众神之首，与其他神祇没有统属关系，这是早期历史阶段的萨满信仰观念的显著特征。萨满文化信奉万物有灵，且各有神灵统属，这

---

① 平婉菁、张明、付巧妹：《古DNA研究：洞察欧亚都不大陆人群历史》，《光明日报》2020年10月15日。

成为中国古代文明"最主要的一个特质"①。

萨满教认信诸神,信的意义在于托付。萨满便是人与神之间沟通的中介,多被称作巫觋。其法力大小关乎其医、卜、星、占的效力,萨满也多借助外力器物。《说文解字》载:"巫,祝也,女能事无形,以舞降神者也。"《说文解字》释"祝"为"祭主赞词者",意指在祭神时颂赞词的巫。因此,单纯考察"巫",巫祝事神与玉无关,"而是以祝、舞、偶像、巫术甚至魔术事神"②。《说文解字》释"灵"(靈)字为"巫以玉事神",此"灵"与"灵"相通。东汉王逸在《楚辞章句》中将"灵""灵保"皆解释为"巫","保"在金文中从玉,释为"事神之巫"。因此,古人对"巫"与"灵"的解释,展示出与萨满教的事神活动一致的内涵。人类学、历史学的研究成果表明,游牧民族的萨满教仪式多以偶像的形式进行,似与玉无关,但东北亚的林中百姓的萨满教仪式却与玉器关联甚密。新石器时代的兴隆洼文化是目前国内最早发现玉器的遗址之一,距今约 8000 年。红山文化则代表了新石器时代玉器最高水平,也是当时东亚玉文化发展的中心。

玉器在中华文明起源和早期社会发展进程中的地位卓著。国际学者通常将"文字发明""城市出现""金属使用"作为跨入文明进程的三要素。但是,中国踏入文明门槛的进程与西方截然不同。天垂象,人摹象成文。文乃错画,人琢刻文在玉上呈象便是文字起源。③红山文化的玉器有玉龙、玉龟、玉鸮等,这正是人根据神灵的样子摹绘琢刻而成。早期人类凭借巫

---

① 张光直:《考古学专题六讲》,文物出版社1986年版,第5页。
② 杨伯达:《史前玉神器探微》,《故宫博物院刊》2013年第6期。
③ 张广天:《玉孤志》,四川文艺出版社2019年版,第194页。

术与神灵沟通交互进而确立自身位置，由此踏上文明发展的进程。这绝非仅仅体现在外在器物的发展进化上，而是含有人神之间沟通交互的丰硕意涵，人也在神灵的见证与启示之下逐步走出蒙昧。张光直称，"经过巫术进行天地人神的沟通是中国古代文明的重要特征"[1]。1984年，在红山文化的中心地区牛河梁遗址发现了女神庙和积石冢群[2]。牛河梁遗址的红山文化玉器皆出土自积石冢墓穴中，积石冢围绕在"女神庙"周围，与女神庙、祭坛、金字塔等大型宗教祭祀性建筑相映成趣。石棺墓"唯玉为葬"，主要随葬玉器，极少随葬陶器和石器。出土玉器的功能与宗教祭祀性建筑密切相关。据推断，积石冢墓穴的主人应当是原始萨满。[3] 随葬的玉器，自然也与原始宗教有关，它们是巫师在举行巫术祭祀仪式时，用以沟通天地神鬼的法器，这些正是北方萨满文化发展的轨迹印证。

巫在当时属于能力超群之人，能够沟通神天并独享神天的奥秘。"沟通手段的独占是中国古代阶级社会的一个重要现象"[4]，进而导致人与人之间关系的变化。等级分化是历史发展必然趋势，社会愈发展，等级分化愈加明显。等级和阶级则是时人内在品质的外在表现。对于个人而言需要做的是在已成事实的历史环境中应时而动，认识到本来美并找到自身的位置。

在新石器时代，东方将玉石作为天人之间沟通的媒介。玉石属天赐之

① 张光直：《考古学专题六讲》，文物出版社1986年版，第10页。
② 辽宁省文化考古研究所：《辽宁牛河梁红山文化"女神庙"与积石冢群发掘简报》，《文物》1986年第8期。
③ 方向明、周晓晶：《中国玉器通史·新石器时代北方卷》，海天出版社2014年版，第41页。
④ 张光直：《考古学专题六讲》，文物出版社1986年版，第17页。

选，古代祭祀天地四方的玉器是为六器。《周礼·春秋·大宗伯》载，"以玉作六器，礼天地四方。以苍璧礼天，以黄琮礼地，以青圭礼东方，以赤璋礼南方，以白琥礼西方，以玄璜礼北方"。玉在形制、颜色都贯通天地人。在大量考古实物发掘过程中，出土的青玉璧数量最多。"玉璧起源于东北，然后依次向南传播，最远到达广东，最西达到河西走廊的武威地区，前后历时约3000年，覆盖中国多数地区数百万平方公里的广阔地区"，"恰好是华夏王权所覆盖的核心区范围"①。这不是巧合，同样以出土玉琮著称的良渚文化，也多以青黄玉为主。承认高于自身的力量存在，才是人信仰的起点。人承认天地的至高序令，并借助玉来礼敬天地，在此过程中也确立了天地秩序中的人的地位。

玉玦是玉器最早的形制，在东亚地区极具典型性。玦，韦昭《国语注》载"如环而缺"，徐楷《说文解字系传》称"环之不周"，顾野王《玉篇》曰"如环，缺而不连"，是指玉环有缺口之器物，自然是"有环后而后有玦"，"人知其有缺而断其环为玦"，"知缺而求周，自己难以周全，心中便仰望神天"②。玦出土时常见被置于尸体耳侧，也有置于目上，且以玉玦之重人耳难能长久承受，可以断定玦绝非简单耳饰，学者张广天提出这是人借以延展视听的神圣器物③。早期玉玦分布广泛，最早起源于中国东北部。学者邓聪等人研究发现，"玦饰在中国东北起源后，次第向四周扩散"④，从北

①　叶舒宪：《玉石神话信仰与华夏精神》，复旦大学出版社2019年版，第115页。
②　张广天：《玉孤志》，四川文艺出版社2019年版，第465—467页。
③　张广天：《玉孤志》，四川文艺出版社2019年版，第467页。
④　邓聪、邓学思：《新石器时代东北亚玉玦的传播——从俄罗斯滨海边疆地区鬼门洞遗址个案分析谈起》，《北方文物》，2017年第3期。

到南顺延第三阶梯传布。东亚各地的玉玦发现，印证古人从北到南迁徙流布的轨迹，也是对古人在神天秩序下生存成长的见证。对于人类发展的动因，人们有时并不知晓是何种具体力量，只是循着内心的指引行事。作为见证的事实与记录，我们称之为历史，历史便是见证。

同样，被誉为六瑞之一的玉圭，也是上天赐予人掌管土地的信证。《诗·大雅·嵩高》中称："锡尔介圭，以作尔宝。往近王舅，南土是保。"《国语》载："古者先王既有天下，又崇立于上帝、明神而敬事之，于是乎有朝日、夕月以教民事。诸侯春秋受职于王，以临其民。"张广天称，"人君执圭临天下，作为辖疆分封的符信，见圭如见天命"①。后世亦有上帝赐禹玄圭之说。《尚书·禹贡》："禹敷土，随山刊木，奠高山大川……声教讫于四海。禹锡玄圭，告厥成功。"《史记·夏本纪》照录《禹贡》作"于是帝锡禹玄圭，以告成功于天下。天下于是太平治"。汉代纬书《尚书璇玑钤》载："禹开龙门，导积石，出玄珪，刻曰：延喜玉受德，天赐佩。"双行注："禹功既成，天出玄珪以赐之。"②圭被视作天降瑞信和天授王权的凭证，是为天人之间沟通的信物。我们在此追问的是，何以圭降于大禹身上，而未降于他人？后人多称禹有德。

天赐玄圭于大禹，是因为大禹本身具有掌管天下土地的天赋本来美。德是本来美的成长体现。古人称，君子"比德如玉"，德首先表现为人的特质。《荀子·法行》载，子贡问孔子："人之所以贵玉而贱珉者，何也？为夫玉之少而珉多邪？"孔子曰："夫玉者，君子比德如玉焉。温润而泽，仁

---

① 张广天：《玉孤志》，四川文艺出版社2019年版，第472页。
② 顾颉刚、刘起釪：《尚书校释译论》，中华书局2005年版，第823页。

也；栗而理，知也；坚刚而不屈，义也；廉而不刿，行也；折而不挠，勇也；瑕适并见，情也；叩之，其声清扬而远闻，其止辍然，辞也。故虽有珉之雕雕，不若玉之章章。"珉，似玉而非者，《广韵》载："美石，次玉。"由此可见，玉与珉在品级上就有差别，其差别在于品质。就人之成长而言，不同人在不同领域所能达到的位格不同，这就是天赋本来美的基础所决定的。玉就是玉，珉就是珉。好玉不雕的前提是好玉。"玉不琢不成器"，玉之不完美才需雕琢，玉之不完美又如人之不完整，故而人的本来美尚需成长，"如切如磋，如琢如磨"，即不完满之人怀具本来美需成长为器。先民以玉为媒，承天为信，序分等级，这便是中国早期传播观念的集中呈现。

人类步入文明之前虽未发明有文字，但实录却能广布于后世的神话传说中，中外皆然。中国的古史传说主要呈现五帝时代以华夏中原为核心的古史，"中央土也，其帝黄帝，其佐后土，执绳而制四方"[1]，中原之外的事体少有记载。古史传说时代的考古学证据已多有学者论及，毋庸赘述，但是古史传说时代所反映的神天秩序观念却是中国思想史、中国美学史乃至传播学史上绕不过的关节。

古代人神之间的交互，主要体现在人能攀援天梯而与神天沟通。"人之初，天下通，人上通，日上天，夕上天，天与人，旦有语，夕有语。"[2]这也说明人神之间并没有严格的界限。古史传说中的昆仑山便是"帝之下

① 刘安：《淮南子·天文训》，陈广忠译注，中华书局2012年版，第113页。
② 龚自珍：《龚自珍全集》，刘麒子整理，浙江古籍出版社2014年版，第14页。

都"①，《淮南子·地形篇》载："昆仑之丘，或上倍之，是谓凉风之山，登之而不死；或上倍之，是谓悬圃。登之则灵，能使风雨；或上倍之，乃维上天，登之乃神，是谓太帝之居。"当时，能够登天梯与神天沟通的无非是前文所称的巫觋而已。但是，巫觋杂繁，巫觋都能任意与神天沟通，往来频繁，人神杂糅交互，以至于天下秩序紊乱，灾祸荐臻而至。于是，黄帝乃征师诸侯，与蚩尤战于涿鹿之野，"天下有不顺者，黄帝从而征之，平者去之，披山通道，未尝宁居"②。蚩尤也是巫，黄帝与蚩尤之争，实际上是巫的天下领导权之争，众神的最高领导权之争。黄帝征服诸侯成为天下最大的巫，这也可以视作从神巫到王巫的转变过程。

颛顼继承黄帝之位后，采取的重要举措便是绝地天通。《史记·五帝本纪》称，颛顼"养材以任地，载时以象天，依鬼神以制义，治气以教化，絜诚以祭祀"，这便是归顺鬼神的重要管理举措。《尚书孔氏传》载："帝命羲、和世掌天、地四时之官，使人神不扰，各得其序，是谓'绝地天通'。"③蔡沈称："当三苗昏虐，民之得罪者莫知其端，无所控诉，相与听于神，祭非其鬼，天地人神之典杂糅渎乱，此妖诞之所以兴，人心之所以不正也。在舜当务之急，莫先于正人心。首命重、黎，修明祀典；天子然后祭天地，诸侯然后祭山川；高卑上下，各有分限。"④这便是对天地鬼神秩序的重新梳理，中国从多神教正式步入一神教。

---

①　《山海经·海内西经》，文渊阁《四库全书》电子版。

②　司马迁：《史记·五帝本纪》，中华书局2006年版，第1页。

③　孔颖达：《尚书正义》（《十三经注疏》），北京大学出版社2000年版，第634页。

④　蔡沈：《书经集传》，《四书五经》第一种，中国书店1985年版。

　　绝地天通真正承认上天是唯一的主宰，是以人间秩序顺承天地秩序的活动。因有天的绝对存在，才有天下秩序的相对存在，人间秩序顺承天地秩序才有了确定性依据，这也正是中国古代传统社会普及美学传播过程中所秉承的基本原则。"绝地天通"确立的过程，也是中国美学观念、中国传播观念确立的过程。

　　"绝地天通"之后，天人有序分隔，人与天不能随意沟通。那么，人该如何发展？天人之间的关系如何？这是人在发展过程中面临的重要问题。司马迁撰《史记》曾言"究天人之际，通古今之变，成一家之言"。而《史记》中"八书"之首为"礼书"和"乐书"，礼乐的重要性可见一斑。"礼乐损益，律历改易，兵权山川鬼神，天人之际，承敝通变，作八书。"①"天人之际"通常表现为天人关系，这恰是司马迁撰述《史记》的主旨，这也正是普及美学传播理论的基础性原点。

　　司马迁认为，尧舜禹至夏商时期是自颛顼"绝地天通"以后再度规顺天人秩序的过程。"唐虞之际，绍重黎之后，使复典之，至于夏商，故重黎氏世序天地。"②宰制万物，役使群众，绝非人力所全能为之。窥观夏商周三代以来，都是"缘人情而制礼，依人性而作仪"，后代延承不绝，该观念传布至今，究其内在根由，恰是因为秉承着天人秩序。

　　"礼"字与祭祀有关，是自新石器时代以来一直延传的以玉礼敬天地、沟通鬼神的传统。商代殷墟墓中也曾出土有精美玉器，呈虎呈龙栩栩。周代进入礼玉时代，分封制下封建亲戚以藩屏周，玉器呈现出鲜明的等级序

---

① 司马迁：《史记·太史公自序》，中华书局2006年版，第769页。
② 司马迁：《史记·太史公自序》，中华书局2006年版，第758页。

分。周王室供奉天，诸分封诸王供奉周王室，逐级供养。故而，礼的约定原意非为限制，而是滋养，以礼来使天下达到"总一海内而整齐万民"[①]的目的。

上古三代的祭祀主要分三类：一是祭最高天神；二是祭地祇诸神，如山川四方诸神；三是祭各类鬼神。《礼记·礼运》称："夫礼必本于天，动而之地，列而之事，变而从事，协于分艺。"天神是唯一神自绝地天通以来就已确立，是制定礼的唯一依据，其余鬼神的奉祀多是交换利用关系，因此古代又有"礼以顺天，天之道"[②]的说法。至于人间的秩序也要延承根脉，承续于前。延续人的纵向发展路径，与人直接相关的便是祭祖，自然祀祖之礼便为惯常。祀祖除却含有敬畏之意，更有"报本反始"的意味，即人是有由来的，追溯至最本源便是神天造物。这也是中国一直礼奉天地君亲师秩序的由来。"夫礼，天之经也，地之义也，民之行也。"[③]礼为则天之明，因地之性，以象天命，以从四时，所以能协于天地之性。天地自然才是最终的依据，自然就是本来。

至于"乐"，其繁体字为"樂"，甲骨文中指木架之上有一鼓（白）二鞞（幺）。追溯乐的缘起，与古代文明起源相关联。凡物能发声，为人与物所共通。但是，声与音有本质区别。《乐记》曰："感于物而动，故形于声。声相应，故生变。变成方，谓之音。"凡音之起，由人心生。因情动于中，故形于声，"声成文谓之音"[④]。因文的本质是"象"，所以音也可以成

---

① 司马迁：《史记·礼书》，中华书局2006年版，第122页。
② 杨伯峻：《春秋左传注》，中华书局1990年版，第614页。
③ 杨伯峻：《春秋左传注》，中华书局1990年版，第1457页。
④ 司马迁：《史记·乐书》，中华书局2006年版，第127页。

"象"。又音为听觉，是时间，要转化成空间才能成象。天垂象，故而音最终也承自天。天有序令，"宫商角徵羽"五音各有所指，"宫为君，商为臣，角为民，徵为事，羽为物"，五音不乱，所以天下有治。因此，听音能辨别盛衰气象的奥秘正在于此。《乐记》称"比音而乐之，及干戚羽旄，谓之乐也"。干为楯，戚为斧，武舞时所执；羽为翟羽，旄为旄牛尾，文舞时所执。古代有乐师，掌管教舞，有兵舞、干舞、羽舞、旄舞。舞的本义是心的外在极致体现。《诗·大序》称："诗者，志之所之也。在心为志，发言为诗，情动于中而形于言。言之不足，故嗟叹之。嗟叹之不足，故咏歌之。咏歌之不足，不知手之舞之足之蹈之也。"人唱出来是歌，乐器演奏出来参照音的节律，比得上干戚羽旄舞，才称之为乐。"乐者，音之所由生也，其本在人心感于物"，乐与礼都是文明的外在体现。

礼是人贯通天地的媒介，也是人顺乎天序的具体体现。而天地自有其本来秩序，故而礼由人起，礼顺应天序制定，目的是归至本来。人有本来天赋之美，礼需与人本来的发展相契合，所以上下臻于有序。人间讲求伦理，伦理便是秩序。礼将人区分开了，又如何合一呢？这便需要乐。乐发于心，喜怒哀乐敬爱六事，声皆有不同，"礼以导其志，乐以和其声"[1]，达到同民心而出治道的目的。

礼是养出来的。人固有情欲，有欲求而不能得就会生出怨忿，怨忿不加节制就会引发争夺，争夺必致淆乱，因此需以礼义来滋养人的欲求。"稻粱五味，所以养口也；椒兰芬苾，所以养鼻也；钟鼓管弦，所以养耳

---

① 司马迁：《史记·礼书》，中华书局2006年版，第122页。

也；刻镂文章，所以养目也；疏房床第几席，所以养体也。故礼者养也。"[1]人有本来美，人的本来美尚需成长，本来美成长的最终体现便是品质。天道序分高下，人以此来序分等级，人道顺应天道才是礼的核心主旨。"君子既得其养，又好其辨也。所谓辨者，贵贱有等，长少有差，贫富轻重皆有称也。"[2]但是，规矩毕竟是人定的，固然应顺乎天道而变化，只是后世社会礼仪规矩愈繁日密，渐趋僵化，反而成为人的拘束和框限。"乐者为同，礼者为异。同则相亲，异则相敬。乐胜则流，礼胜则离。合情饰貌者，礼乐之事也。礼义立，则贵贱等矣；乐文同，则上下和矣。"[3]礼的制定本乎不同的天赋本来美，规限了不同品级，以外在的方式将人进行品质化区分。乐本乎心，发乎情，和于音。人以乐器之音呈现心，乐为同，实为心同；万人万性，人以礼来区分万性，节节有序。人人皆有本来美，本来美成长才能养得起礼，这便是礼乐文化的内在主旨，礼乐文化的传播便是本来美的传播。中国古代传统社会秩序下这种天人沟通的秩序一直未变，这便是中国固有的传播观念。而现代意义上的传播观念主要是 20 世纪以来从西方引进的，一度延承至今。

---

① 司马迁：《史记·礼书》，中华书局2006年版，第122页。
② 司马迁：《史记·礼书》，中华书局2006年版，第122页。
③ 司马迁：《史记·乐书》，中华书局2006年版，第127页。

二、中国传播学的基本特征

中国传播学根植于中国固有的思想基脉，以儒释道思想为集中体现，在本质上承续着本来美的本体性特征，并呈现呼唤、成长的特性。

1. 本体性

中国传播观念的主旨是实现个人自我发展，人是传播的主体。但是，人该如何定位恰恰成为关键。我们曾言及中国古代传统社会的天地人秩序，老子言："人法地，地法天，天法道，道法自然。"人最终是天地间的人，人最终还是要回到天的归宿上。庄子曰："汝身非汝身有也……孰有之哉？曰：是天地之委形也。生非汝有，是天地之委和也。性命非汝有，是天地之委顺也。孙子非汝有，是天地之委蜕也。"[①]在本源问题上，古人所言皆不离天地。《中庸》载，天命之谓性。性是天命贯注，因此"性相近"，性离天近，因万人万性，故而性不齐；"习相远"，习离天远，指人力的习俗、制度等与天命之性相较而言则离天较远。但是，制度、礼法又必须依照顺乎天，这便是符合本来的面貌。我们常言古代封建社会为"君权神授"，神授的意义首先在于敬畏和信仰，皇帝代天管理国家和人民，因此育材治国是为秉承天意，"育材之方，莫先劝学。劝学之要，莫尚宗经。宗经则道大，道大则才大，才大则功大"[②]，这便是其内在的旨趣。

情作为人本来美传播发展的能动基础条件，古人讲"情"亦非单讲情

---

① 《庄子·知北游》，《诸子集成》本。
② 范仲淹：《上时相议制举书》，《范仲淹全集》卷十，李勇先、王蓉贵校点，四川大学出版社2007年版，第237—238页。

本身。《礼运》载:"圣王修义之柄,礼之序,以治人情。故人情者,圣王之田也。修礼以耕之,陈义以种之,讲学以耨之,本仁以聚之,播乐以安之。"因此,情欲作为人行动的能量源泉,需加以节制才能恰适地顺乎礼乐教化,合乎天下秩序。"人情不二,故民情可得而御也。"① 而情又与命相关联。《庄子·天地》载:"上神乘光,与形灭亡,此谓照旷,致命尽情,天地乐而万事销亡,万物复情,此之谓混冥。"说明情有"致命"的强大力量。同时,情又与性、德相连。

庄子认为性"和理出",性出自道,人由性的发展呈现德,但是一味"中纯实"则与情相悖。在庄子看来,礼乐愈繁,愈是乖离本性,距天道愈远。庄子秉承道家从天出发到人的思想,故而言情绝非仅仅说情,而是在言性说天。后世言"情"的说法累牍,如《大戴礼记·礼三本》载:"凡礼始于脱,成于文,终于隆。故至备,情文俱尽;其次,情文佚兴;其下,复情以归太一。"《说苑·建本》载:"学者所以反情治性尽才者也,亲贤学问,所以长德也,论交合友,所以相致也。"情多与礼乐、德相连,中国古代传播言情自然呈现出本体性思维。这与西方美学观念中的情感认知大异其趣。

文字是传播的重要媒介。汉字承自天垂象,在中国古代历来就是上层精英的专属。在当时的社会秩序下,人多是通过晋升到社会上层才能获得发展的机会,而人的本来美也多是通过这种路径呈现的。社会上层的人能有更多的机会呈显自己的本来美,"诗言志",诗文便是个人本来美的直

---

① 《管子·权修》,《诸子集成》本。

接呈现。唐代皎然在《诗议》中云："且文章关其本性。识高才劣者，理周而文室；才多识微者，句住而味少。是知溺情废语，则语朴情暗；事语轻情，则情阙语淡。巧拙清浊，有以见贤人之志矣。"[①] 为文是为言天道，故而刘勰将"原道"置于《文心雕龙》首篇以追寻道统，成为后世为文的不变法则。唐代白居易称"为君、为臣、为民、为物、为事而作，不为文而作"[②]。张籍称"读君《学仙》诗，可讽放佚君，读君《商女》诗，可感悍妇仁；读君《勤齐》诗，可劝薄夫淳。上可裨教化，舒之济万民；下可理性情，卷之善一身。"[③] "修道之谓教"，文治教化便呈现出为文指向本源的特征，实际上是通过光大自身本来美的特性，体现出正统的教化传承。

梳理儒家早期的发展历程，汉代董仲舒提出"天人三策"，提出正名、深察名号等举措，正是在梳理天与人之间的关系，以礼制来顺应天道秩序。宋代朱熹的理学体系使本来美传播思想愈加完善，只是本来美的呈现传播依然是顺乎礼制，通过自新磨砺的方式实现自我发展。本来美真正实现自性具足的是禅宗，禅宗祖师惠能经由弘忍法师点拨能自悟成佛，弘忍谓惠能曰："不识本心，学法无益；若识自本心，见自本性。"[④] 自本性就是自具本来美。禅宗主要以自我为本体，通过自性求取的方式，以实现自我成长。这与之前传统佛学乃至儒学在诸物中求理验证的成长的方式不同。后来禅宗也与儒学融合为一，发展成为王阳明心学。王阳明倡导"知行合一"，知是先验的，行是知的行，这是其本质。王阳明之前并非没有

---

①　皎然：《诗式校注》，李壮鹰校注，人民文学出版社2003年版，第376页。
②　白居易：《策林六十八》，《白氏长庆集》卷四十八，《四部丛刊》本。
③　白居易：《读张籍古乐府》，《白氏长庆集》卷一，《四部丛刊》本。
④　《坛经·忏悔品第六》，梁归智译注，三晋出版社2008年版，第66页。

走外在成长之路，而是早年通过格物致知的方式以图求得圣人之道，结果劳思致疾，无果而终。① 及至被贬贵州龙场，身处"蛇虺魍魉，蛊毒瘴疠与居夷人舌难语，可通语者，皆中土亡命"② 之地，甘苦备尝。他终日读《易》，优然其休，充然其喜，油然其生，意萌动勃发心中，"精粗一，外内翕，视险若夷，而不知其夷之为厄"③，由此体悟自然、人生、世界、宇宙之境，"始知圣人之道，吾性自足，向之求理于事物者，误也"④。王阳明日夜端居澄默，以求静一，意识到心为本体才是具有内在本明的，圣人之道的实质终究离不开心体，也是心体所本具的。因此，向外求理无异于缘木求鱼，理的本来就是心体的存在，因此"心即理也"。"人者，天地万物之心也；心者，天地万物之主也。心即天，言心则天地万物皆举之矣。"⑤人心与天地万物融为一体，不可间隔。正德四年，王阳明开始讲其"知行合一"新说，"遂与毛宪副修葺书院，身率贵阳诸生，以所事师礼事之"⑥，自此阳明学说大盛。其实，王阳明的学说虽是讲心，其实是在讲性，在本质上是讲人的本来美是自我含具的，无须通过借助外物寻求验证，道和天何须挂在嘴边？人将自己该做的事情做好，需尽心尽性，呈露本来美，天道自含其中。因王阳明学说使中国古代的传播思想便有了更为完备的理论发展根基。

---

① 王阳明：《王阳明全集》（一），陈恕编校，中国书店2014年版，第107页。
② 王阳明：《王阳明全集》（四），陈恕编校，中国书店2014年版，第196页。
③ 王阳明：《王阳明全集》（三），陈恕编校，中国书店2014年版，第162页。
④ 王阳明：《王阳明全集》（四），陈恕编校，中国书店2014年版，第196页。
⑤ 王阳明：《王阳明全集》（一），陈恕编校，中国书店2014年版，第179页。
⑥ 王阳明：《王阳明全集》（四），陈恕编校，中国书店2014年版，第196页。

2. 呼唤和生长

中国古代无论是儒家、佛家还是道家，都主张人的自我完善与发展，只是自我发展的路径不一。但是不管我们是否言说天，我们的自性本来美本身是含具的。前文所说的禅宗，以自我为本体，认为"自性本来具足"，主张顿悟成佛。人人皆能成佛，是指人人皆能在自具本性的基础上回归本来，成长到本来。成长到本来即各归其序，这也是中国古代佛教为何能在中国古代社会天地人秩序中得以长久存续的原因。佛家在成佛路径上尽管没有明确声称天地，只是说缘起性空，但其自具本性与正统的天地秩序契合无间，而缘起便能呈现出呼唤性。

儒家一直居于中国古代社会思想的正统地位。中国古代倡导君权神授，天是唯一最高神。儒家主张人顺应天，因人自具本性美，人有品质高低，以此顺应天地秩序。而个人本性基础上的品级提升，才能对应相应的秩序。中国古代一直称言天道秩序，凡是朝政混乱，民不聊生，民众就会起来反抗，声称"替天行道"。实际上是人道乖离了天道，所以需要人道的规顺，而所谓的"替天行道"只是一种口号而已。古代统治者乖离了天地发展的基本规律，限制了人的生存发展，自然会引发反抗，甚至引发革命。殷革夏命是为了回归正常秩序，让人的自性本来美得以成长。就此而言，我们反对古代社会的封建专制主义，就是提倡一种呼唤的、成长的自性本美传播方式。

道家主张从顺应天的维度来发展人，"无为无不为"。道家主要是强调要人们做减法的学问，认为人们太过关注外在，而忽视了自身，社会发展亦是如此。"天下多忌讳，而民弥贫；民多利器，国家滋昏。人多伎巧，奇物滋起。法令滋章，盗贼多有。故圣人云：我无为而民自化，我好静而民自正，我无事而民自富，我无欲而民自朴。"① 老子主要强调道的核心作用，天道运行，人力又何能为？这其实在说天人之间的传播关系问题。天为绝对，自有其运行秩序，人是相对的。"见素抱朴，少私寡欲"，去掉人的部分，留下天的部分，返璞归真正是道家倡导的。而这一切真正的目的，便是在天地秩序下实现个人的成长。

　　儒释道思想作为中国古代传统社会的核心思想延绵流传至今，坚持以人为本，个人以天赋本来美为基础，热衷于自身所好，实现自我成长，便是中国传播观念呼唤成长的体现。即便在清朝灭亡之后，传统的社会秩序崩塌，传统思想文化一度成为被批判的对象，尤其是五四新文化运动以来，科学与民主思潮兴起。我们以科学思想指导社会发展的同时，毫无疑问也需回归到个人自身的发展上。在科学主义思想的指导下，个人获得了前所未有的发展，但是发展的顶点何在？最终尚需回归到人之本性美上。性乃天生，我们不能改变，人之发展所呈现的便是本来美的成长。因本来美的成长传播，我们能各美其美、美美与共。

① 《老子》，卫广来译注，三晋出版社2008年版，第69页。

三、中国本土传播学的发展

中西传播观念具有根本性不同，西方的"communication"概念明显带有大众传播的意涵，近代以来中国传播学理论主要是从西方引入的，鲜明带有西方传播学的印迹。中国历代学者曾在传播学本土化道路上持续探研，成果丰硕，但多停留在现象层面上，亟需在本体问题上做出突破。

1. 西方传播概念的引入

现代语境下，西方传播学引进中国之后，"communication"一词一度被译为"传播"，该词在希腊文中源于两个词根 cum 和 munus，前者指与别人建立一种关系，后者意味着产品、作品、功能、服务、利益等，因此在语源学上中国的传播与西方当下的传播在概念上具有本质性区别。西方的传播概念更多是在阐述一种通行社会规则，并延伸出"关系、知识、权力"①的思考维度。在此，我们认为西方的"communication"一词并非源于新石器时代以来的人神之间的沟通交互，主要是指大众传播，且这个概念在西方近代以来因自然科学的发展、新技术的运用而得以强化，并在 20世纪以后蔚然流行。

我们今天拿西方的大众传播概念来套用中国古代传统的传播概念明显不合适。清末民初的文献中，传播一词对应的是"传布""流布""传达""扩散"之类的单向撒播含义，其中不少为基督教会和医学、生物学、

---

① 刘海龙：《中国语境下"传播"概念的演变及意义》，《新闻与传播研究》2014年第8期。

农学所使用。① 这正是中国传统思维观念下学习西方科学知识的产物。尤其是 1919 年至 1921 年杜威访华演讲的翻译中经常出现"传播"一词，传播知识、传播思想均为单向的对大众的扩散。② 现代意义上的传播研究在20 世纪初传入中国，在当时 communication 被译作"交通"，交通突出了双向性，更为接近西语中的传播原意。20 世纪 30 年代，在杜威的演讲、林耀华的西方社会学理论译著、戈公振的《中国报学史》等著作中，"交通"与"传播"的概念有明显区分，说明中国的社会科学界已正式引入"交通"的概念，其含义与后来的"传播"也有明显区别。"文化大革命"结束后，中国新闻学界与国际学术交流日密，西方传播学的研究成果再度进入中国，"传播""受众""媒体""信息"等概念语汇纷纷引入，学界混杂不一。郑北渭将 communication 一词被译作"思想交通"，张隆栋将其翻译为"通讯"。1978 年，郑北渭、陈韵昭等学者将 communication 译为"传播"。此后伴随全国性传播学研究座谈会召开，"传播学"一词逐渐深入人心，约定俗成。③ 可见，中国当下的传播概念也主要是民国以来沿循西方逐渐使用的，尽管有学者冀图避免西方传播观念与中国传播观念的内在涵义，但是在现实生活中传播实践一直居于主流，人与人之间的传播也就顺其自然了。

　　从这个意义上讲，厘清中西传播学的发展路径首先需在语源上进行清

---

　　① 刘海龙：《中国传播研究的史前史》，《新闻与传播研究》2014年第1期。

　　② 袁刚、孙家祥、任丙强：《民治主义与现代社会：杜威在华演讲集》，北京大学出版社2004年版，第93页。

　　③ 王怡红、胡翼青：《中国传播学30年》，中国大百科全书出版社2010年版，第4页。

理与梳理。但是传播已经成为当下大众耳熟能详的用语，我们显然不能再用传统社会语境中的传播意涵来框限时下的传播现象。只能在当下的传播语境概念下，探寻新的发展路径：当下的传播概念如何接续传统，追溯中国固有的传播传统，即天人之间的传播秩序下个人本来美的发展，这恰恰是中国本土传播学所面临、所需解决的重要课题。

2. 西方大众传播概念下的中国传播学研究

20 世纪初，西方传播研究传入中国时明显带有社会学和新闻学的烙印。当时正值美国芝加哥学派鼎盛发展，其传播思想伴随社会学、心理学、教育学、哲学等一并传入中国，杜威等代表性人物访华演讲对中国大众影响深远。而芝加哥学派学者也以心理学家著称，心理学对传播学的基础性作用可见一斑。中国在本土化的心理学研究中，早已在不知不觉中推进着传播学研究，代表性人物有高觉敷、张耀翔、孙本文等。同时，在传播学领域的研究多是基于个人的实践和应用，如任职朝鲜领事馆的季达曾出版《宣传学与新闻记者》一书，燕京大学新闻学系主任梁士纯曾开设实用宣传学课程，并著有《实用宣传学》一书。且在新中国成立前，国内就已经引入了传播观念，只是没有用"传播"一词，而是使用了"交通"一词。学者刘海龙指出，20 世纪初的中国学者已然熟悉西方的传播研究成果，只是后来中断了，其中既有政治运动导致的中美学界联系的不畅原因，也有中国学术自身发展命途多舛的原因，更与中国传播产业不发达息息关联。[1] 这也从另一个维度阐明，中国在现代化发展过程中传播学研究一直

---

① 刘海龙：《中国传播研究的史前史》，《新闻与传播研究》2014年第1期。

趋步于西方研究的后尘，并未走出自己的独立发展道路。

中华人民共和国成立后，中国的传播学研究在台湾开一时风气之先。1954 年台湾政治大学设立新闻研究所开启新闻学研究，1963 年台湾开始了传播学研究，施拉姆弟子朱谦博士任教于此进行"电视与儿童"研究，首启传播学研究范例。他将美国的定量研究方法应用到了传播学调查研究中，将调查对象名单、问卷页保留，14 年后再度回访，以解释传播与个人的现代性问题。此外，还有杨孝溁所做的传播效果统计研究，成果有《传播统计学》。20 世纪 70 年代以后，台湾的传播学研究趋向多样化，经验学派与批判学派并放，研究领域涉及政治宣传、教育、健康传播、受众研究等。由中国台湾传播学研究可管窥美国传播学研究影响的遗绪。[1]香港的传播学研究起步于 1965 年香港大学新闻系成立，有发布的传播现象报告问世。20 世纪 70 年代中后期，香港学界形成了较为严谨系统的传播学研究，此时施拉姆曾到香港中文大学访问并创办传播学硕士课程，开展亚洲新闻研究。20 世纪 80 年代海外本土学者回港，强化了传播学研究阵容与成果。在 20 世纪 90 年代，香港诸大学的传播学研究有了较大发展，中国香港、中国内地及海外学者汇集，题材广泛，成绩突出。[2]

我国传播学的研究总体上起步较晚，主要呈现于改革开放后从引进介绍西方理论开始，历经"引进学习""探索发展""走向深化"的发展阶段。[3]复旦大学新闻系曾主编《新闻学译丛》，首度介绍"传播"一词。1978

---

① 胡正荣：《传播学总论》，北京广播学院出版社 2008 年版，第 21 页。
② 苏钥机：《传播学在中国——传播学者访谈》，北京广播学院出版社 1999 年版，第 357—358 页。
③ 王怡红：《传播学发展 30 年历史阶段考察》，《新闻与传播研究》2009 年第 5 期。

年复旦大学《新闻大学》登载文章介绍传播学理论，随之中国人民大学、中国社会科学院新闻研究所、北京广播学院的新闻学者纷纷翻译、评介传播学的著述义章。1982年传播学创始人施拉姆来华访问，向国内介绍传播学理论。1983年出版了中国社会科学院新闻研究所编辑的《传播学（简介）》，1984年9月出版了施拉姆《传播学概论》中文版，为传播学发展奠定了基础。同时各类传播学学术会议也相继召开，集中呈现出传播学研究的发展趋向。1997年年底，传播学学科被列入新闻传播学一级学科之下，传播研究的学科化大幕拉开，一度呈现研究队伍"增长迅速，平台升级"、学术成果"数量的快速增长与领域的全面开花"、学术理念"GDP导向与自反性思考并举"等特点。[1] 由1982年以来的全国传播学大会研讨主题[2]，便可窥见中国传播学的研究方向和进程，中国本土化的传播学理论建构仍为学科建设的重点和难点。

3. 中国传播学本土化研究成果

近代以来中国现代化进程中媒介环境日新月异，中国传播学发展呈现开拓竞放之势。欧美传播学理论相继被引入，心理学、政治学、社会学、文化学、人类学等与传播学交叉融汇，呈现出宏大复繁的气象。这既是近代以来中国发展过程中学习借鉴西方的呈现，也是中国传播学发展过程中所必经的路途。其间就中国传播学的发展而言，所需解决的困惑在于，中

① 胡翼青、张婧妍：《中国传播学40年：基于学科化进程的反思》，《国际新闻界》2018年第1期。
② 张咏华：《中国传播学研究：迈向本土化/中国化过程的脉络——从14次中国传播学大会的角度》，《新闻记者》2019年第1期。

国传播学的发展何以体现主体性？是否以中国学者作为主体以及以中国实际问题作为研究对象的探研就能呈显主体性？西方理论是否适用于中国？如若是，西方理论与中国理论的相同底层逻辑何在？如若否，中国的本土化经验又是什么？中国理论的逻辑基础是什么？等等。这些皆是解决中国传播学本土化发展过程中所不容回避的问题。

　　中国台湾学者最早借助西方的研究方法理论探寻本土化发展道路。徐士佳曾做《简略检视台湾学界传播研究中国化的努力》的报告，从 1967 年起有朱传誉、赖东临、吴东权、关绍箕等学者的论著[①]，对中国传播学的本土化发展做了许多基础性探研，只是这些研究仍然局限在大众传播领域。

　　自 20 世纪 80 年代以来，大陆学者对传播学本土化的认知渐深。1986年第二次全国传播学研讨会就提出建立"具有中国特点的新闻传播学"。1993 年第三次全国传播学研讨会，明安香认为中国特色的传播学理论体系需"从中国实际出发，为中国实践服务，研究和借鉴外国传播理论，概括和总结中国的传播观念和实践"[②]。学者孙旭培最早提出"华夏传播"概念，认为"研究中国化也是一个过程，通过挖掘大量文化中间关于传播方面的财富，促进传播学发展，最终创造出集东西方文化精华之大成的传播学"[③]。1997 年 10 月，大陆、台湾和香港计有 28 位学者通力撰写的《华夏传播论》正式出版，中国传播学的本土化研究之路开启。吴予敏著有《无

---

　　① 吴予敏：《从零到一：中国传播思想史书写的回顾和展望》，《国际新闻界》2018年第1期。

　　② 中国新闻年鉴杂志社：《中国新闻年鉴》（1994年），第141页。

　　③ 孙旭培：《华夏传播论：中国传统文化中的传播》，人民出版社1997年版，第3页。

形的网络：从传播学角度看中国传统文化》一书，该书被誉为"第一本华夏
传播研究专著"，学者陈力丹、何庆良接续对相关问题有深入思考①。学者
曾认为，本己传播经验才是研究重点，于是他们冀图从中国古代传统社会
中寻找传播经验，以图展现中国传播学的本己发展基础，呈显中国传播的
发展特色。郑学檬主编的"华夏传播研究丛书"就是聚焦于中国古代传播
问题经验。当然，也有学者对此提出疑问，认为不必特意强调中国特色，
但是他们在对传统文献进行整理的过程中不自觉地以西方传播的思想观念
作为指导。有学者从"普遍与特殊""理论与应用"的维度对本土化理论构
建提出思考和建议。②梁鹏梳理了1978—2016年中国学者自主编写的13
部传播学教材，发现中国传播学教材的传播学知识框架呈现以经验主义和
功能主义为基底、实用主义为外形的"传递观"逻辑，具有浓厚的西方传
播学研究特征。③胡翼青指出，"我们如果沿用以往的思路将媒介看作一个
组织或一种功能性的社会关系，把传播学继续向媒介组织行为学或受众社
会心理学方向推进，而不是把媒介看作是一个展现人与人关系的空间，我
们以这种中介化和空间化的关系来解释中国人行为，那么我们仍然是在原
地打转，一次次地重复过去，陷入历史的循环"④。刘海龙也认为，"中国传

---

①　陈力丹：《论孔子的传播思想——读吴予敏〈无形的网络——从传播学角度看中国
传统文化〉》，《新闻与传播研究》1995年第1期；何庆良：《先秦诸子对传播功能的认识与
应用》，《新闻与传播研究》1995年第1期。
②　刘海龙：《传播研究本土化的两个维度》，《现代传播》2011年第9期。
③　梁鹏：《中国传播学的知识框架及知识地图绘制——基于传播学教材的内容分
析》，南京大学2016年硕士毕业论文。
④　胡翼青：《中国传播学40年：基于学科化进程的反思》，《国际新闻界》2018年第
1期。

播学本土化理论的构建，需从现有的传播学理论之外寻找依据"①。邵培仁提出，华夏传播理论的本土化构建之路并非没有可能，应从传统思想中找到传播理论的胚胎，进而探索到理论。②潘祥辉《华夏传播新探：一种跨文化比较视角》一书体现了该领域研究的新进展。③此外，其他史论性研究成果还有谢清果《华夏传播学引论》《华夏文明与传播学本土化研究》《华夏传播研究：媒介学的视角》④，白文刚《中国古代政治传播研究》⑤等，这些研究都在传播学本土化建构上做出了努力。

　　总之，传播学理论建构所面临的问题现状是，学者多以西方的传播概念和观念来审视中国传统的物媒介，并多局限于大众传播，或对中国古代传统社会传播观念中的天人关系等核心问题持有全然的批判否定态度，而没有站在时人的历史语境下呈现应有的敬恕叙事。近代以来，中国的传播学理论多是传自西方，且支撑西方传播学发展的底层思想观念也是在五四以后从西方引进的。近代以来西方社会在科技水平上一度领先，媒介技术的进步也不断推进着传播理论发展，中国自近代以来也一直处于学习西方的阶段。但当下中国传播学发展的基础已经有了很大改观，无论是技术还是思想理念都有了显著进步，本土化独立发展之路是为当务之急。中国传播学如果一度在西方传播学发展路径上延续推进是难能有自己独立发展前

　　①　刘海龙：《传播研究本土化的两个维度》，《现代传播》2011年第9期。
　　②　邵培仁：《华夏传播理论》，浙江大学出版社2020年版，第285页。
　　③　潘祥辉：《华夏传播新探：一种跨文化比较视角》，复旦大学出版社2018年版，第1页。
　　④　谢清果：《华夏传播学引论》，厦门大学出版社2017年版；谢清果：《华夏文明与传播学本土化研究》，九州出版社2017年版；谢清果：《华夏传播研究：媒介学的视角》，社会科学文献出版社2019年版。
　　⑤　白文刚：《中国古代政治传播研究》，中国社会科学出版社2011年版。

途的。传播学本土化理论的建构问题，绝非仅仅立足于当下具体的传播现象就能全然解决，而应向本源核心问题上追溯。由此，传播学本土化研究所面临的问题是：中国传统社会传播观念的核心问题何在？该核心问题能否与当下的传播问题进行贯通，以及如何与当下的传播问题进行贯通？这是摆在我们面前亟须解决的任务。

第三编

普及美学传播学

第一章　普及美学传播学的提出

普及美学传播学是一门研究本来美传播的性质、任务及活动规律的学科，主要包含两个层级。其研究对象主要包含普及美学传播的源流、类型、内容、效果等方面。在学科架构既有与传播学交叉的门类学科，也包括当前归属于新闻传播学下诸学科。

一、普及美学传播学的定义

纵观中国传播学的发展历程，20 世纪以来中国传播学主要在西方传播观念的影响下，在西方社会学和心理学的影响中发展起来。在西方传播学概念内涵下，各种传播学理论相继被引入。改革开放以后，国内学者也多借助西方传播学的研究方法来审视解决中国的实际问题，且学者已意识到在西方传播学引入发展过程中，呈显"交通"到"传播"的语汇转变现象，这显然已与中国传统的"单向传播"含义判然有别。其中潜藏的疑问是：中国传统的单向传播概念何以消失不见？当下的传播如何与传统的单向传播进行接续？这恰恰是中国传播学本土化研究的核心问题所在。在此，针对中国古代传统社会的单向传播观念，我们认为：第一，基于中国传统社会的天人秩序观念，单向传播是站在美学制高点上推进的；第二，中国传统社会的单向传播已经解决了中国传播学的本体论、认识论和价值论等关键性问题，与今下所言的"交通"传播的实践应用并行不悖；第三，中国传统社会的传播也是以人为本、以人为中心的，以人的内在品质为基础的品级秩序是传统社会单向传播的重要体现；第四，作为中国传统思想的集中体现——儒释道三家，尽管在实现单向传播的路径方式上有异，但是三者殊途同归，在最终目的的呈现上具有一致性。这四点集中体现了中国古代传统社会传播观念的核心内容，也是构建中国本土化的普及美学传播学的历史基点。

中国古代的传统社会秩序是贯通天地人，自三皇五帝颛顼时采取"绝地天通"举措直到清朝灭亡，中国实际上是一神教国家。清末民初，清帝退位、科举制废除，新文化运动倡导白话文，传统的社会秩序逐渐崩塌后，新的社会秩序正在建立中。在丢弃传统秩序的框矩后，人该如何发展是亟须解决的问题。为此，我们唯有追溯本源，承认固有的天赋本来美，并成长本来美，才能实现人本身的真正发展，这也是国家社会发展的重要基石。普及美学传播学的学术路径探研正是对中国传播学发展的本土化发展路径的探索，同时为探寻个人及社会发展的品质化进阶提供了理论支撑。

我们认为，普及美学传播学是一门研究本来美传播的性质、任务及活动规律的学科。普及美学根植于中国固有的美学发展传统，与西方美学发展路径截然有异。中国本土化传播学的传播思想、传播行为方式、传播过程，也能在中国普及美学发展脉络中找到本源性基础。因此，普及美学传播学的提出，属于对中国本土化传播学的理论建构，也是中国传播学发展固有面貌的典型呈现。

传播分两个层级：第一个层级是，客观发生的传播事实本身，主要专注的是传播本体与更高位级序令间的传播关系问题，属于本体论。这是普及美学传播所需解决的首要问题。普及美学传播学认为个人自具本来美，人的全面发展便是本来美成长传播的见证。第二个层级是我们常说的人的传播，属于传播实践问题，集中于个人本身、人与人、人与物、人与组织、组织与组织、人与社会、人与国家、国家与国家等之间的传播。第二个层级如果按照主题或专题来划分又能分为林林总总万千分支，这恰恰是当下大众传播研究的重点和热点。普及美学传播首先是专注于但是不限于第一个层级。两个层级的传播问题研究并不冲突。

二、普及美学传播学的研究对象

国内学者对传播学的研究对象多有争议，但是都承认人本身在传播过程中的关键性地位。传播学科的建立者施拉姆在《传播学概论》中称："传播是人们所做的某种事情。传播本身没有生命，没有任何神奇的东西，唯有人们在传播关系中注入其中的讯息。讯息本身没有意义，唯有人们注入其中的意义。"① 施拉姆实际上指出，传播学是以人为中心的研究，只是施拉姆没有进一步指出以人为中心的传播本质。普及美学认为，每个人都有天赋的"本来美"，"每个人都有美的种子"，"你的美还需成长"。人只有在成长中才能找到自己的位格。普及美学传播学将人本来美的成长传播作为核心研究对象。以现代学科分类的观点，"把人作为研究对象"②的观点仍然不可动摇。以当下传播学研究的基本问题作为参照，我们对普及美学传播研究的几个基本问题做出了如下观察。

第一，普及美学传播的源流与发展。普及美学传播的产生及其历史演进是解决该学科的历史性原点问题。普及美学传播根植于中国固有传统，故而呈现出鲜明的本土性特征。从人类进阶文明阶段伊始，普及美学传播观念就发端发展。新石器时代东亚呈现以玉器作为人与天地间进行沟通的媒介鲜明特征；在中国古代传统社会普及美学传播的标志性媒介还有文字、青铜器、陶器、瓷器、舆服、建筑、饮馔、书画等不一而足，这也是中华文明精神的集中呈现，同时也是普及美学传播研究的重要议题。

第二，普及美学传播的基本类型。普及美学传播主要呈现为呼唤型传播、生长型传播和花粉型传播三种基本类型。普及美学传播首先呈现呼唤型特征，同时因人具有主体能动性，故而在实际表现中呈现出"万人万性"的特点。因个人秉持"本来美"，且所处的社会环境不同，历史发展阶段有

---

① ［美］威尔伯·施拉姆、［美］威廉·波特：《传播学概论》（第二版），中国人民大学出版社2010年版，第4页。
② 李醒民：《知识的三大部类：自然科学、社会科学和人文学科》，《学术界》2012年第8期。

异，故而普及美学传播呈现花粉式蔓延传播的典型特征。

第三，普及美学传播的内容。普及美学正是因为秉承"天命之谓性""万人万性"的"本来美"发展基础，其传播内容主要包括本真、兴趣和品质三大方面。本真是初心的体现，也是本来美的体现；个人的兴趣是普及美学传播的具体内容方向；而品质是普及美学传播发展的内容层次体现。

第四，普及美学传播的效果。普及美学传播的效果是基于人具有天赋本来美以及本来美在成长传播过程中所产生的效果。普及美学传播必然会使人内在品质提升，从而激发经济发展的新动力以及人的快乐满足感。普及美学传播的效果是依乎本来美的个人发展，从而达到经济发展模式的改变、社会文化多元竞放繁荣的局面。

第五，普及美学传播的学科基础。在普及美学传播过程中，语言学是基础。自五四以来，大众通用白话文，但是白话文的使用多依循西方语言的语法规则，反而忽略了以汉字以意义为中心，借助字形体现，进而规定读音的本质性特征，因此重新回归汉字的本质，进行准确化表达，是为学科发展的当务之急。同样，针对西方传播学建立的心理学基础，对中国本土心理学的基础性作用该如何定位，这对中国本土心理学的研究提出了新的发展要求。

三、普及美学传播学的理论建构与学科展望

普及美学传播学的学科建构在本体论上以本来美为本原基础，其传播的本质上是人的本来美传播；在认识论上认为人的本来美是固有的，人的全面发展是基于天赋本来美的成长传播；在实践论上认为人的实践是本来美的呈现，并最终指向人的价值。普及美学传播学的学科构建，不仅包含新闻传播学下的诸学科，也当包含传播学的门类学科。

1、普及美学传播学的理论建构

美国著名历史学家柯文针对"西方中心模式"提出了"中国中心观"，他提出应"从中国而不是从西方着手来研究中国历史，并尽量采取内部的（中国的）而不是外部的（西方的）准绳来决定中国历史中哪些现象具有历史重要性"，同时"热烈欢迎历史学以外诸学科中已形成的理论、方法与技巧，并力求把它们和历史分析结合起来"的论断。[①] 柯文的观点对中国传播学的研究具有重要的启发意义。中国史学在五四以来深受西方史学方法影响，奉实证主义为绝对圭臬，至今难能脱其窠臼。实际上，中国当下传播学，无论是理论还是方法都明显带有西方研究的烙印，从中国内部出发并回溯到学科发展本源上来解决问题，建构中国本土化的传播学理论是亟待解决的任务。

普及美学传播秉持"自本性""性本美"的观念，讲求天赋本来美。中国传统儒家思想观念认为，每个人、每件物都由天命下贯，用"性"来维

---

① ［美］柯文：《在中国发现历史——中国中心观在美国的兴起》，林同奇译，中华书局2002年版，第8—9页。

系理性与经验间的关系。人与物在本体上并没有区别。中国古代传统社会的知识体系建构中，人与自然、社会处于同一状态。王阳明说万物有心，万物有理，贯通一切，王阳明所言的心便是性，万物自本性，每个人都有本来美的天赋之性，能率性成长，进行品质化升级和传播。因此，普及美学传播学将人作为研究的核心，以自性本来美为本体，传播现象是本来美的现象表现。

普及美学传播在知行关系上讲求知行合一。知行关系是中国传统哲学认识论和实践论上的核心课题。中国古代传统社会有追求"道统"的传统，学者以守护"道统"为己任。孔子称："笃信善学，守死善道。危邦不入，乱邦不居。天下有道则见，无道则隐。邦有道，贫且贱焉，耻也；邦无道，富且贵焉，耻也。"① 孟子称："天下有道，以道殉身；天下无道，以身殉道。未闻以道殉乎人者也。"② 对道的不同称谓，不仅反映出各家学派对最高序令的不同理解，同时也折射出达"道"的不同路径，故而在知行关系上就会产生不同方法。如《大学》首句"大学之道，在明明德，在亲民，在止于至善"，宋代朱熹将"亲民"解释为"新民"，以为"自新之民"，人可以通过"正心、诚意、格物、致知"的功夫达到对"道"的追求，因此他称尽管万物有理，"惟于理有未穷，故其知有不尽"③，是一种见诸外物的路径。明代王阳明提倡"心即理"，讲求"知行合一"，他在分析其与朱熹的学说不同之处说：

---

① 杨伯峻：《论语译注》，中华书局1980年版，第82页。

② 《孟子·尽心上》，王常则译注，三晋出版社2008年版，第167页。

③ 朱熹：《朱子全书·中庸章句》（第6册），上海古籍出版社，安徽教育出版社2002年版，第20页。

> 夫外心以求物理，是以有暗而不达之处，此告子义外之说，孟子所以谓之不知义也。心一而已，以其全体恻怛而言谓之仁，以其得宜而言谓之义，以其条理而言谓之理。不可外心以求仁，不可外心以求义，独可外心以求理乎？外心以求理，此知行之所以二也；求理于吾心，此圣门知行合一之教。①

王阳明称，"知是心之本体，心自然会知，见父自然知孝，见兄自然知弟，见孺子入井自然知恻隐，此便是良知，不假外求"②。王阳明的知是自性本来美传播的基础，行是知的具体体现，这才是知行合一的含义。普及美学传播认为本来美人人自具，实践是本来美的具体展现，以求达到个人、社会发展的真正目的。

普及美学传播主张运用多学科研究手段，讲求多元归一。学科体系作为一种知识制度，是专业主义的体现。专业主义是现代化进程中的重要思想，集中体现为学术分科。"现代学术的分科，及其建制化、理论化、专业化与精细化，是以'科学革命'开启的科技发展的高歌猛进为榜样的。"③我国人文社会科学的建立发展与清末民初社会改革与知识转型密不可分，在西方科学主义的影响下，我国参照西方学科分类体系对中国传统知识进行了重组。新中国成立以后，人文社会科学发展曾一度照搬苏联，改革开放后人文社会科学得以重建。学科分类主要是为了研究的深入和方便。传

---

① 王阳明：《王阳明全集》（一），陈恕编校，中国书店2014年版，第39页。
② 王阳明：《王阳明全集》（一），陈恕编校，中国书店2014年版，第6页。
③ 孙显斌：《跨学科与跨文化：从海外汉学看国学或中国古典学的意义》，《国学季刊》2020年第4期。

播学的兴起自然与社会学、政治学、心理学等学科紧密结合发展，并且在发展过程中呈现多学科交叉的趋势。尤其当下的传播学研究中，互联网对传播学的影响日深，在媒介和算法技术手段上产生的作用不容小觑。人工智能、大数据、MR/VR/AR、区块链、云计算等也已在当下时兴的传播学应用过程中愈显广阔前景。同时，传播学的门类分支学科早已拓展到各个领域和层面。普及美学传播学的研究，也积极倡导多学科研究手段，并提倡与时俱进地运用这些新的技术手段。我们所思考的是，如何能借助技术手段真正体现普及美学传播学的本土化特色。普及美学传播是根植于中国传统社会的固有学问，与西方的传播学有根本性不同。在语言符号上，汉字是中国传播学的基础性表征，中西方的语言和文字在发展路径上呈现根本性差异；在传播媒介上，玉器是中国踏入文明门槛的重要标志，也是中西方文明起源过程中颇具差异的重要标志物；在社会秩序上，中国古代承天的传统，以儒家礼制来限定品级，达到天人合一，具体展现有器物等级、形制、颜色等。所有这些都集中于一点，那就是中国普及美学传播在传统社会中如何实现个人未来美的生长与传播，这与当下社会中个人成长发展是融通一致的。当下社会呈现出生活方式的多样性，普及美学传播的表现也是多元化的。无论音乐的、舞蹈的、戏剧的、影视的、游戏的还是大数据的等，都能成为研究的方法路径。不同学科只是观察问题的视角不同，但是不同学科并非仅仅局限于具象问题的解决上，而是在不同的思维方式下实现创造性转化，并最终指向根本性问题的解决，这才是多学科手段运用的方法论要义。

普及美学传播学坚持以人为本，讲求历史与现实、理论与实践的贯通。自人类出现以后，人就开始了自我成长，并在生存发展过程中与外部世界交互沟通。中国古代敬天的传统，集中体现在礼制的规格上，以礼来序分人在社会中的品级。先秦周礼确立了后世遵照的典范。春秋战国时代诸子百家学说纷呈，孔子周游列国追溯上古三代礼制，倡导礼制来规顺天下秩序。秦汉一统天下，汉代董仲舒"罢黜百家，独尊儒术"，儒家学说逐渐成为中国古代社会的正统思想。"四书五经"作为儒家经典，集中代表着中国古代普及美学传播思想。"天命之谓性，率性之谓道，修道之为教"成为中国儒家学说的要旨，也阐释了中国普及美学传播的传统学术基础。"大学之道，在明明德，在亲民，在止于至善"，个人本来美的成长传播，使人之德性彰显。普及美学传播思想不仅是中国古代传统社会个人发展理论基石，也是当下个人呈显性情、实现全面发展的指引参照。自清末民初以来，中国传统社会秩序被推翻，从个人到社会发展多以西方为标杆样板，充斥着全然的绝对进步观念。这在个人与社会发展的初期阶段是必要的，但是绝非最终指向。当下我们显然不能再度回到中国传统社会，而当下我们如何与更高序令进行沟通才是亟须解决的问题所在。我们既需对高于自身的力量存有敬畏，同时也需珍视固有的天赋本来美。如今，我们已无须过于担忧温饱问题，新一代也能更加依循自己的兴趣和爱好而发展，个人的本来美能得到充分成长，生活方式更富多元化，社会也将更加含具活力。普及美学的传播必然将延伸至社会的各个领域层面，并产生至为深远的影响。

2. 普及美学传播学的学科展望

普及美学传播学作为普及美学下的分支学科，具有天然的广泛应用性。首先，因普及美学自足于中国美学的品质性特征，立足于人发展的本源性，便能在本体层面贯通各门学科，为各门学科的发展奠定了坚实的基础。其次，当下传播学隶属于新闻传播学一级学科，其传播的特性也具备与各门学科交叉的基础。中国传播学的发展自含中国固有美学的本原性基础，故而普及美学传播学是中国本土化传播学的表现。同时，与传播学交叉的相关门类学科或者下属的学科自然是普及美学传播学研究的范围。普及美学传播学的研究范围包括但是不限于普及美学门类传播学，如普及美学艺术传播学、普及美学数字传播学、普及美学健康传播学等不一而足，更包括新闻传播学所属的二级学科所涉及的普及美学出版学、普及美学新闻学、普及美学广播电视学等。在此，我们仅择要予以略作陈述。

（1）普及美学新闻学

新闻学是研究新闻事业和新闻工作规律科学的一门学科，它以人类社会存在的新闻现象作为研究对象，重点研究新闻事业和人类社会的关系，并探索新闻事业的产生、发展的特殊规律和新闻工作的要求。新闻事业伴随西方近代印刷术的进步和报刊业的蓬勃发展而产生，尤其是伴随新闻媒介的广泛使用催使新闻事业发展壮大，随之陆续出现研究新闻媒介的学术成果。20世纪初，新闻学在美国成为一门独立学科，相关研究渐多，并迅速扩及全世界。中国自鸦片战争时就经由西方传教士接触到介绍西方报纸的知识，步入20世纪，伴随新闻事业的影响日渐扩大，报刊数量激增，新闻学也成为一门独立学科。尤其在中国共产党的领导下，报刊成为革命斗争的重要武器，指导群众进行斗争。新中国成立后，我国的新闻事业取得了长足进步，报刊、电视以及互联网蓬勃发展，在宣传党的路线、方针、政策方面起到了举足轻重的作用，新闻学也成为学界研究的热点和重点。

普及美学新闻学立足于人性的本真，提倡光大民众的本来美，通过新闻传播来光大民众的本来美，服务大众适逢其需。当下正值媒体融合发展大势，传统报刊式微，新媒体迅猛崛起，迅速完成新闻事业转型以及高质量发展迫在眉睫，这迫切要求新闻人提升内在品质。当下新闻媒介技术的进步日新月异，愈来愈多的年轻新闻人参与其中。在本来美的呼唤下，他们依循自身的兴趣、爱好精研深探，将充分展现自身的高品质素养。同时在新闻生产、新闻管理、新闻运营、新闻技术应用、新闻产品服务、新闻人才培养等方面都将体现出前所未有的高品质景观，这也将催生出新闻学研究的新面貌。

（2）普及美学出版学

出版学是研究出版活动的性质、任务、作用及其客观规律的学科。[①]出版在本质上被认为是一种媒介复制传播行为。目前有关出版的定义林林总总，但大多离不开创作、策划、编辑、印刷、发行、宣传等具体环节。这主要是基于传统出版实务所下的定义，出版所包含的形式多样，当下数字出版已成为公认的出版形式之一。值得我们思考的是，传统出版形式因

---

① 编辑出版学名词审定委员会：《编辑与出版学名词》，2021年版。

数字出版遭到颠覆，使我们更加深入地认识到出版的本质。

出版本身是一门实践性的学科。普及美学出版学坚持以人为本，基于个人的质朴本真性，将人的本来美及其成长作为出版发展的基础，推进出版的实践和研究。当下中国出版已经步入高质量发展阶段，出版业的发展必然要求出版人以及与之相关的读者做高品质升级。普及美学出版学倡导以个人品质的内在成长来驱动出版的发展，个人的兴趣、爱好是出版业高质量发展的最基本动因，也将持续驱动着出版业进阶。因个人品质升级，将改变旧有的产业结构、营销方式、盈利模式、出版观念乃至出版生态，出版业将逐步走出低水平重复的发展困境，这也会引发对出版人、作者、读者、图书之间关系的深度思考。再者，目前对出版学的研究，多专注于具体实务实践，而对于出版所关涉的更高序令上的思考相对缺乏，由此普及美学出版学理论的建构也会助力中国特色出版学理论的推进。

（3）普及美学广告学

广告学是研究广告活动的历史、理论、策略、制作与经营管理的学科。广告被认为是一种有针对性的大众传播活动，其主要基于商业经济的发展而出现，历经口头广告、书面广告、新媒体广告等形式。因中国古代社会奉行重农抑商的政策，商业不发达，故而广告以西方社会为盛。现代广告是基于现代商品经济的发展而兴起的，尤其面对日趋激烈的市场竞争，争夺消费者和增加市场占有份额成为企业成败的关键。随着科学技术的进步，广告手段日益科学化现代化，运用广告来开拓市场，争取消费者，成为企业开发市场、扩大商品销售的重要手段。支撑今下广告学的底层学科逻辑是心理学、传播学等，当下心理学、传播学的基本理论主要是从西方引进的。而流行的广告学基本理论如定位理论、品牌形象理论等也都是基于西方的。普及美学广告学主张以个人本来美的成长为基础，针对以大众现有品质的升级进行大众广告传播活动，绝非西方式的心智征服、心理暗示等，而是东方式引领的、呼唤的、成长的，是基于东方美学发展基础而进行的广告学革新。

（4）普及美学广播电视学

广播电视学是一门实践应用性的学科。该学科立足于传播学理论，旨在培育能够在广播电视机构以及其他传媒行业从事采访、报道、拍摄、编辑、主持、策划、管理等工作的高素质应用型专门人才。广义的广播电视是广播、电视以及数字等传播媒介。普及美学广播电视学以个人本来美的成长传播为基础，倡导借助技术手段、通过广播电视的媒介手段实现自我品质性升级。技术、媒介是实现个人本来美成长的途径。新媒介技术的应用，使个人本来美的传播呈现更多可能性。尤其在今天，媒体技术更新迭代迅疾，呼唤出个人本来美，打造核心竞争力，转化发展思维，将会绘制未来广播电视学发展的新图景。

第二章 普及美学传播的类型

普及美学传播主要分呼唤型传播、生长型传播和花粉型传播三种类型。三种类型皆以本来美及其成长为基础点，其中呼唤型传播主要是指时代趋势下的本来美呈现，其传播的方式是自下向上的；生长型传播主要针对个人天赋本来美的内在传播，其传播方式是由内而外的；花粉型传播主要指人人含具天赋本来美根性的蔓延式传播。

、呼唤型传播

人因觉有至高序令的存在而生有敬畏。古代君王与天直接沟通，以己为器掌管天下，民众克己复礼，以品质性传播作为核心体现。当下，我们秉持自性本来美，依循自己的爱好发展，便是呼唤传播的表现。

1. 呼唤型传播的表现

（1）自性本来美的时代呈现

人类文明发展的进程与美学观念的进阶同步而行，美学观念萌生长成的过程便是人类确立自身位置的过程。因有高于自身力量的存在，才能确立出自身的位置。人类世界早期历史都呈现一致的发展状况，由多神教步入一神教是历史发展的必然。因为确立了天的绝对唯一地位，才有天下的多元和相对，以及天下秩序的整饬归顺。武王伐纣，群侯大会于盟津，历数纣王弗敬上天之罪，遵天命诛之。武王夙夜祗惧，厥修其德，"受考天命，类于上帝，宜于冢土"①，称在天意召唤下恭行天罚。周灭商，究其原因首先在于纣王为政穷兵黩武、重刑厚敛，以至于民生怨愤。武王之所以能率众灭商，更是因为武王具有率众灭商的天赋能力，同时他克己裕德，顺时势而践行，这便是周革商命的表现。

古人对神天的敬畏多有记载，孔子曾言，"大哉尧之为君也！巍巍乎！唯天为大，唯尧则之。荡荡乎，民无能名焉！"②至于何谓天，"子曰：予欲无言。子贡曰：子如不言，则小子何述焉？子曰：天何言哉？四时兴焉，百物生焉。天何言哉？"③天无处不在，于是古人认为寻取天意至关重要。先秦时代古人以萨满通灵的独特方式与神天沟通交互，小到细末琐碎，大至国家命运，多求神问卜，祈敬祝祷。《史记·日者列传》载：

---

① 《尚书·汤誓》，顾迁注释，中州古籍出版社2010年版，第135页。
② 杨伯峻：《论语译注》，中华书局1980年版，第83页。
③ 杨伯峻：《论语译注》，中华书局1980年版，第188页。

夫卜者，必法天地，象四时，顺于仁义，分策定卦，旋式正棋，然后言天地之利害，事之成败。昔先王之定国家，必先龟策日月，而后乃敢代；正时日，乃后入家；产子必先占吉凶，后乃有之。①

占卜必须遵循天地序令，合乎万物变化，顺乎人情礼仪。《周易》中乾坤分别代表天地，《系辞上》载："天尊地卑，乾坤定矣；卑高以陈，贵贱位矣。"《乾彖》称："大哉乾元，万物资始，乃统天。"《坤彖》称："至哉坤元，万物资生，乃顺承天。"《周易》作为儒家经典，其核心在于变。但变的基础在于不变。天为唯一不变，天下事物皆能变。因此，人以天的绝对唯一不变为基础，积极做出应对才是《周易》所倡导的内涵主旨。其实，天下之事皆可称为卜筮，只是后世将卜筮专主于占卦之上。师友问答，博学、审问、明辨、笃行之类，皆为卜筮。卜筮也"只是求决狐疑，神明吾心而已"。②所以，人何以应对，以及在多大程度上应对，才是体现出个人天赋本来美的成长与传播的体现。人基于本来美的呼唤式成长传播，正是对天序的呼应。

《史记》载，夏朝尚忠。忠，"敬也"，"尽心曰忠"，便是充分展现自具的本来美。夏朝也有占卜，只是当时占卜尚未盛行。商朝小大之事皆问卜于天，并于龟甲兽骨上琢刻文字，以见证天意。"国之大事，在祀与戎"，祭祀敬祈天地鬼神于战事征伐无比重要，尤其是王朝更迭，古人认为皆为天命所定，如商灭夏是因夏氏有罪，"天命殛之"，于周王而言，则出于

① 司马迁：《史记·日者列传》，中华书局2006年版，第735页。
② 王阳明：《王阳明全集》（一），陈恕编校，中国书店2014年版，第90页。

"畏上帝，不敢不正"①。在周代青铜器铭文中，"天命"一词较早见于成王时期的《何尊》，铭文主要记载周成王诰教宗小子，全篇皆指向天命。《何尊》载"昔在尔考公氏克弼文王，肆文王受大兹令"②，其中文王受大令，大令即为天命，意指文王秉承天命。铭文载"隹武王既克大邑商，则廷告于天"，指武王克商之后，向上天汇报。"文王在上，于昭于天！周虽旧邦，其命维新。有周不显，帝命不时。文王陟降，在帝左右。"③君王以己为器荣耀上天，并随时敬奉上天，遂将文字钤铸于青铜器尊上。青铜尊为盛酒礼器，主要用以祭祀。《礼记·王制》载"祭器未成，不造燕器"，足见祭器的礼先地位。尊在形制上既有圆尊，也有方尊，含天圆地方之意。人持酒需先敬神，然后才能享用，顺承了天地人的秩序。

　　古人对神天持有敬畏之心，周代敬天传统昭昭，《尚书》载："惟我周王灵承于旅，克堪用德，惟典神天。"④孔子曰："君子有三畏：畏天命，畏大人，畏圣人之言。小人不知天命而不畏也，狎大人，侮圣人之言。"君子何以畏天命，畏大人，畏圣人？大人，杨伯峻认为，"古代对于在高位的人叫'大人'，如《易·乾卦》'利见大人'，《礼记·礼运》'大人世及以为礼'，《孟子·尽心下》'说大人，则藐之'。对于有道德的人也可以称其为'大人'，如《孟子·告子上》'从其大体为大人'，这里的'大人'指在高位的人。"⑤其实，大人之所以为大人，并非仅仅因为其位高权重，而是因为

①　《尚书·汤誓》，顾迁注释，中州古籍出版社2010年版，第81—82页。
②　中国社会科学院考古研究所：《殷周金文集成》（修订增补本），中华书局2007年版。
③　程俊英：《诗经译注》，上海古籍出版社2012年版，第261页。
④　《尚书·周书·多方》，顾迁注释，中州古籍出版社2010年版，第238—239页。
⑤　杨伯峻：《论语译注》，中华书局1980年版，第177页。

其离天的序令更近，能更清楚地秉承天命。大人世及知礼，礼是为天命秩序的体现。圣人从"巫圣"到"儒圣""王圣"的发展转换，都以沟通神天、敬尊天命为最终目的。由此可见，孔子所言的君子三畏，本质上都是畏天。出于敬畏而产生美感，这恰是康德所提出的美产生的三大原则之一。[①]因为古人承认天至高至善至美，故能贯通一切。故而能产生对天下万物的呼唤。人有心而灵，人的品质是分高低的，在古代社会天下君王的品质最高，能直接供奉最高位格的神天。对于普通人则只能适应当时的社会秩序，提升自身的品质，在美的呼唤下成长为己。

人顺天的方式方法多样繁复，正统儒家倡导养己合礼来顺天，以人为本，不迷信鬼神偶像，个人本来美的成长适应当时的社会秩序而光大便是呼唤传播的表现。人顺天的秩序贯穿于中国古代传统社会，清朝灭亡后人与天隔绝。民众学习西方，依靠科学的、技术的、知识的等诸种外部力量实现自我本来美的发展，一时间颠覆了传统的美学观念。长久以来，人们迷恋专注于外部技术手段的运用，却忽视了自身本来美的存在与成长。那么美学发展传播的目的何在？这恰是我们需追问探究的问题，也是普及美学传播所需解答的问题。在此，我们皆承认每个人都独具天赋本来美，这是客观存在的事实，人的发展成长也是基于在时代环境下对本来美的唤醒。

（2）明德率性，传播本美

古人承认天命的决定性作用，却并未否定人的主体能动性。正如《周

---

① [德]康德：《论优美感和崇高感》，何兆武译，商务印书馆2001年版，第3—5页。

易》所说，天下唯一不变的就是变。古人的智慧也正是在于应变，是以人作为主体的变。因有变，才呈现品级性差异。个人天赋之性本来就有差异，因此呈现不同特性，在成长中的外在表现就是我们常称的"德"，"明明德"就是光大本来美。让你成为你自己，达到应有的位格，其内在品质在社会中的体现便是品味、品级、品格，这才是大学之道的涵义。

古人所言"德"的本意，与我们现代传统意义上所言及的道德不同，现代人常将人持有的人伦观念奉为道德。道可以释为天，道德可理解为"天德"，"足乎己无待于外之谓德"①，即天生之德，即为人本来所具的禀赋体现。但是，德又是人所持有，人需成长有所得，即依乎人的本来美成长。如《尚书·康诰》称：

> 王曰：呜呼！封，汝念哉！今民将在祇遹乃文考，绍闻衣德言。往敷求于殷先哲王，用保乂民；汝丕远惟商耇成人，宅心知训；别求闻由古先哲王，用康保民。弘于天若德，裕乃身不废在王命。②

《尚书·康诰》为周王朝册封文王之子康叔于卫国的诰辞，篇中"绍闻衣德言"，意为继承文王的德业。周文王为西周奠基者，怀具开创之功，其功业自然与其天性禀赋之"德"相洽合匹配。而康叔作为文王之子被告诫应继承广大文王之"德"，所以周王朝在册封康叔时，反复告诫其明德慎

---

① 韩愈：《原道》，见屈守元、常思春：《韩愈全集校注》，四川大学出版社1996年版，第2662页。

② 《尚书·康诰》，顾迁注释，中州古籍出版社2010年版，第180页。

罚，爱护殷民，意为康叔之"德"不够，其天赋本来美尚需成长。"弘于天若德"意为成长上天所赐予的本来美，方能不负天命。王有王的样子，才能承续天命。即便如王一般尊贵，也需慎谨勤勉，未敢轻忽放纵。周代讲德盛行，《诗经》有载："无念尔祖，聿修厥德，永言配命，自求多福。殷之未丧师，克配上帝，宜鉴于殷，骏命不易。"[①] "聿修厥德"之"德"显然非后世传统"道德"涵义。又如《何尊》铭文载：

> 唯武王既克大邑商，则廷告于天，曰："余其宅兹中国，自之乂民"。呜呼，尔有唯小子亡识，视于公氏，有庸于天，彻命敬享哉！助王恭德裕天，临我不敏。

该铭文大意为，成王告诫宗小子需效法公氏，敬奉上天。其中"恭德裕天"中，德与天相对应，恭释为敬。《康熙字典》载"正德美容，敬顺事上曰恭"，显然为后世人伦化的解释，但是敬顺事上的本意是存在的。"裕"与"恭"相对应，"恭德"可释为敬慎秉持天性，充分成长天赋本来美来荣耀上天的恩赐。宗小子做好宗小子该做之事，即为助王。德即为秉持的本来美基础上的成长之"得"。后来，德演变为传统的人伦道德，逐渐成为人自身发展的框限。儒家提倡人道应顺应天道，人道有可能乖离天道。人道本以礼养，却发展成为限制。人越发专注于外部的规限，反而忘记了自身本来美的成长。德承天命，德配其位，正是本来美成长传播的体现。

---

① 程俊英：《诗经译注》，上海古籍出版社2012年版，第261页。

2. 呼唤型传播的特点

（1）至高序令下以人为本

呼唤型传播作为普及美学传播的首要表现，其突出的特点就是天人之间贯通。朱光潜曾在许多美学著作中介绍过美之所以为美，关键在于"无所为而为"，正是在于其客观性，美与人们的愿望、利害和知识无关，有自己独立的立足点，或者说美是理性的一个独立王国。由此康德将理性分为三大类，但是理性自身却不能永远分割，终要复归统一。天人不能永隔而终究要合一。[①]

朱光潜也承认天人必须合一的观点。天人合一的前提是承认天人之间的关系。天为万物之本，属于一。《周易》载："有天地，然后有万物；有万物，然后有男女；有男女，然后有夫妇；有夫妇，然后有父子；有父子，然后有君臣；有君臣，然后有上下；有上下，然后礼义有所错。"《周易》作为儒家经典，充分体现了中国古代传统社会的主旨思想。众所周知，儒家在强调实现天人合一的时候，路径是以人为出发点顺应天，因此多通过礼仪制度的制定来顺应天道。道家是从天出发到人。其问题在于，天人为何能贯通合一？康德称，普通人的灵魂可能有的精致心灵感受有两种，即崇高的感情和优美的感情。尽管两种情操都是令人愉悦的，但二者的方式不同。"崇高必定总是伟大的，而优美却也可以是渺小的。崇高必定是纯朴的，而优美则可以是着意打扮和装饰的。"[②]《庄子》有言：

① ［德］康德：《论优美感和崇高感》，何兆武译，商务印书馆2001年版，译序第5页。

② ［德］康德：《论优美感和崇高感》，何兆武译，商务印书馆2001年版，第4页。

　　天地有大美而不言，四时有明法而不议，万物有成理而不说。圣人者，原天地之美而达万物之理，是故至人无为，大圣不作，观于天地之谓也。

　　今彼神明至精，与彼百化，物已死生方圆，莫知其根也，扁然而万物自古以固存。六合为巨，未离其内；秋豪为小，待之成体。天下莫不沉浮，终身不故；阴阳四时运行，各得其序。惛然若亡而存，油然不形而神，万物畜而不知。此之谓本根，可以观于天矣。①

　　正是因为天纯朴无形，独立存在，"天地所以能长且久者，以其不自生，故能长生"②。因天独立存在，才会有绝对的崇高感，这才是呼唤传播产生的缘由。天至善至美，是客观的先验存在。康德承认先验天的存在，他认为人内心道德力量的感受呈现出崇高感。崇高与优美难能分离，美便与道德合一。只是"大自然或天意还设计了种种巧妙的补助方法，使得每个人按照自己的愿望去行事时，都在不自觉地完成大自然或天意的目的"③。因此，人类对至高力量总会产生敬畏与信仰。对于天意的存在，我们并不知道具体原因，总在自觉或不自觉地行事。人类对天命是难能抵御的，或顺服，或应许悦纳。人顺应天就是找到自己应及的位置，这便是本来美成长的体现；人顺应天就会对天产生崇高感。崇高是单一的，所以会产生承天的秩序。由此，我们便能理解中国古代传统社会秩序下的天人贯

　　①　《庄子·知北游》，《诸子集成》本。
　　②　《老子》，卫广来译注，三晋出版社2008年版，第8页。
　　③　[德]康德：《论优美感和崇高感》，何兆武译，商务印书馆2001年版，译序第12页。

通，本质上是时代背景下个人本来美的完整呈现。

那么，在普及美学呼唤传播的过程中，人的位置何在？"康德的崇高观是强调人自身的内在价值的——正以为有其内在价值，所以人本身就是目的，而绝不是其他别的什么东西的工具。"① 但是，人只有顺应自性成长，至高秩序的呼唤才能产生崇高感。"故道大，天大，地大，人亦大。域中有四大，而人居其一焉。人法地，地法天，天法道，道法自然。"② 古人祭祀用的玉器，商周时代用于祭祀的青铜器，古人所穿的衣服，所用的颜色乃至烹饪饮食皆有规制。以礼定制，承天而养人欲，自然会呈现崇高。崇高能激发人的尊敬感，而优美则激发人的爱慕。美才能贯通一切，我们都自具本来美，所以其成长传播便是源于对一种至高秩序的呼应。

在普及美学传播过程中，人自具本来美成长便是时代环境下的呼唤，也是对人自身位置的确立。中国新石器时代的早期文化以"万物有灵"的萨满文化为主，事鬼、事神多见，但这也是在人基础上的敬奉。"季路问事鬼神。子曰：未能事人，焉能事鬼？曰：敢问死？曰：未知生，焉知死。"③ 孔子将人放置于比鬼重要的地位，可证普通人多认为神鬼的地位较高。既然"事人"与"事鬼"可以并列，那么也就意味着其本身没有等级上的根本差别，"以道莅天下，其鬼不神。非其鬼不神，其神不伤人。非其神不伤人，圣人亦不伤人。夫两不相伤，故德交归焉"④。因此，在人类历

---

① [德]康德：《论优美感和崇高感》，何兆武译，商务印书馆2001年版，译序第16页。
② 《老子》，卫广来译注，三晋出版社2008年版，第30页。
③ 杨伯峻：《论语译注》，中华书局1980年版，第113页。
④ 《老子》，卫广来译注，三晋出版社2008年版，第74页。

史发展过程中，无论何时都应追溯其源始，以个人本来美的成长传播为主旨。

（2）见性明德，各归其位

在古代传统社会天人秩序下，普及美学的呼唤型传播呈现"天命下贯"的特点，那么在天命已定的格局下，个人的主体能动性体现在何处？在至高序令的呼唤下，个人当完成自身所担负的使命，达到自己的位格。至于个人该如何完成所担负的使命，这便是需要思考的关键。在天地秩序下，天生万物，万人万性，有道统之。老子有言：

> 道生之，德畜之，物形之，势成之。是以万物莫不尊道而贵德。道之尊，德之贵，夫莫之爵而常自然。故道生之，德畜之，长之育之，成之熟之，养之覆之。生而不有，为而不恃，长而不宰。是谓玄德。[1]

天性所赋，即为含具本来美，本来美的成长便是后世成长有所得。道为一，万物以道为尊，德为贵，尊重个人天性禀赋的基础，实现个人的发展。道家从天出发到人，任其自然，绝非不做事，而是做事秉承自然之道、天之道。

儒家学说强调以"尽性"的功夫来实现自身所担负使命。《中庸》称："唯天下至诚，为能尽其性。能尽其性，则能尽之性；能尽人之性，则能尽物之性；能尽物之性，则可以赞天地之化育；可以赞天地之化育，则可以

---

[1]　《老子》，卫广来译注，三晋出版社2008年版，第61页。

与天地参矣。"尽性的前提是至诚。诚，《说文解字》载"信也"，《广雅》释为"敬也"，《增韵》言"纯也，无伪也，真实也"，《中庸》又载"诚者，天之道也。诚之者，人之道也"，人真实无伪才能被称为诚。

何谓真实无伪？这便涉及历史的真实性。我们认为历史事实的本身是第一个层次，人们所用语言建构的历史是第二个层次，至于历史哲学思想层面的思考则属于第三个层次。那么，第一个层次属于客观事实的层次，第三个层次属于哲学的认知层次，第二个层次和第三层次则是第一个层次的见证。只是不同的人见证有所不同。因个人的时间观和空间观不同，既有时人的见证，也有后来者的考证，各异其趣。那么何谓真正的真实？真正的事实便是事实本身。真正的真实又如何体现？那就是诚。在当时的历史情境下，反映出时人所认为的本来事实。就此我们便能真正理解以诚来贯穿，也就是章学诚所说的敬恕。以我心同你心才是恕，我们以诚敬之心与古人相通回归本来。孟子曰："尽其心者，知其性也。知其性，则知天矣。存其心，养其性，所以事天也。夭寿不贰，修身以俟之，所以立命也。"[1] 修身成长，尽心立命，其呈现就是尽心知性，如此方能贯通如一。同时，我们看到，人若无精诚灌注，何以能尽性？呼唤的本义，恰是心之所向。

禅宗主张"顿悟成佛"，亦讲求守心，应无所住，而生其心。《最上乘论》称："夫修道之本体，须识当身心本来清净，不生不灭，无有分别。自性圆满，清净之心，此是本师，乃胜念十方诸佛。"[2] 心量广大，犹若虚空，

---

① 《孟子·尽心上》，王常则译注，三晋出版社2008年版，第152页。
② 大藏经刊行会：《大正藏》第48卷，新文丰出版社1998年版，第377页。

如此而已。禅宗与儒道两家如出一辙，禅宗以自性为本体，成佛即成为本来，本来即"尽性"的表现。从自具本性到成佛的过程，就是本来美成长的过程。只是佛教的方法为否定隔绝，把心性视为幻相，走向了虚寂。

成长有所得的体现即为"德"。周代出现"德"较多的青铜器铭文为《豳公盨》，由此可见呈天命之德：

　　天令（命）禹敷土，随山濬川，乃奏（别）方设征。降（？）民监德，乃自乍（作）配飨，民成父母，生我王乍（作）臣，厥美（昧）唯德。民好明德，抚才天下，用厥昭（诏）好，益求懿德，康无（亡）不懋。考（孝）友明，经齐（济）好祀无眖。心好德，婚媾亦惟协。天厘用孝，申（神）复用祓录（禄）。永厄（定）于宁。豳公曰：民惟克用，兹德无悔。[①]

上述铭文大意为：上天拣选大禹来规划天下，顺乎山势，疏浚河川，根据力势所能来制定贡赋。黎民心明其德感念拥戴大禹，以之配飨神天。民行婚配，生下我辈为王作臣，天性所秉各美其德。黎民自明其天赋本来美，天下贤才归心，无有不顺服。以美言宣告，彰显德行，安于享乐者无不勤勉。明孝友之道，诚敬的祭祀应天天舞乐，取悦神灵。秉持天性之道，品级相若，婚姻也会协顺。神要世代供奉，才能护佑安宁。黎民唯有秉持上天赐予的天性禀赋，才是天德呈现。《豳公盨》铭文所讲主要赞颂大

---

①　释文参见李零：《论豳公盨铭文发现的意义》，《中国历史文物》2002年第6期；裘锡圭：《豳公盨铭文考释》，《中国历史文物》2002年第6期；李学勤：《论豳公盨及其重要意义》，《中国历史文物》2002年第6期；朱凤瀚：《豳公盨铭文初释》，《中国历史文物》2002年第6期。

禹治水的功绩，但是该铭文却是从"天命"和"德"等角度来叙述。大禹治水成功恰是因为天命所归，黎民王臣各具本来美，并能悦纳天的呼唤。又如《史记·太史公自序》，开篇详述自颛顼绝地天通后司马氏先祖的家族世系，延传至其父太史公司马谈，司马迁旨在说明他撰述《史记》乃其心之所向，承续自周公到孔子到司马迁的内在道统，是天意在斯的体现。"先人有言：'自周公卒五百岁而有孔子。孔子卒后至于今五百岁，有能绍明世，正易传，继春秋，本《诗》《书》《礼》《乐》之际？'意在斯乎！意在斯乎！小子何敢让焉。"① 司马迁撰述《史记》无论追述历史还是心之所向，认为是其使命担当。天人之际便是人与天之间的关系，人顺应天是正途。无论追溯源流，还是后世延传，概莫能外。学人读《史记》，多不解天人之际，我们以普及美学传播的视角来读恰能管中窥豹。览阅历代正史，我们发现尽管其视界不如司马迁宏阔，但其开篇所述皆为道统赓续。

（3）民心所向

呼唤型传播还呈现亲民特点，意指天意体现于民众中。人无法脱离自身所处的社会环境，自步入文明社会以来，古代"君君""臣臣""父父""子子"的社会人伦秩序就难能避免。天下格位有高低，君需有君的样子，臣需有臣的职守，民也需尽民的责任。如君不君，臣不臣，以至于民不能活命，天下就会大乱。乱是为了回归本来，君臣民应各归其位。顾炎武说："易号改姓，谓之亡国。仁义充塞而至于率兽食人，人将相食，谓之亡天下。保国者，其君其臣肉食者谋之。……保天下者，匹夫之贱与有

---

① 司马迁：《史记·太史公自序》，中华书局2006年版，第758页。

责焉耳矣。"① 顾炎武指出了亡国与亡天下的区别，认为天下黎民百姓为贵。孟子也称民为贵，古代治国平天下就是将民为贵的思想承续。

老子称："圣人无常心，以百姓心为心。"② 圣人因识天道，贯通天人，天道在民心，故而以百姓心为心。天道运行自有其恒常秩序，人道顺应天道乃应有之义。《大学》载，大学之道，在亲民。历代学者都有解释，朱熹认为"亲民"作"新民"，明代王阳明认为"亲民"为"安百姓"，与孟子"亲亲仁民"相类③。众所周知，《传习录》无一字不言"天理"，无一字不言"心"，因此王阳明所说"在亲民"，意为各归其位，各秉其责。民意即天意，自含其中，恰是"天理"的呈现。《诗经》位居儒家经典之首，其与《尚书》《礼记》《周易》《春秋》等题材迥然有异。诗言志，志为志述，旨在记录神意。其中，"风"指地方民歌，如果我们仅仅将之解释为记录风情未免太过局限于后世的庸俗观念，没有追溯孔子编订《诗经》的用意以及中国古代的天人秩序观念。孔子遵循天道秩序，窥知天意，以贯通天人为主旨。《诗》三百篇，"一言以蔽之，思无邪"，无邪即为初心。"风"恰是休现了民之无邪质朴，"雅""颂"是更高品级的初心休现。民显初心，初心无处不在，孔子秉有初心，编订整理《诗经》也是其使命担当，这便是呼唤型传播的具体体现。禅宗祖师惠能曾言："佛法在世间，不离世间觉。离世觅菩提，恰如求兔角。"④ 意指佛法在人间，与儒道所阐述宗旨异曲同工。

---

① 顾炎武：《日知录集释》，[清]黄汝成集释，岳麓书社1994年版，第471页。
② 《老子》，卫广来译注，三晋出版社2008年版，第59页。
③ 王阳明：《王阳明全集》（一），陈恕编校，中国书店2014年版，第2页。
④ 《坛经·般若品第二》，梁归智译注，三晋出版社2008年版，第80页。

　　中国古代正是秉有天人贯通的秩序，但清朝灭亡之后天人隔绝，社会面临转型。五四之后的知识分子化大众教育失败了，中国共产党以人民为师探索救国救民的道路取得了成功。毛泽东在《反对党八股》中指出："共产党员如果真想做宣传，就要看对象，就要想一想自己的文章、演说、谈话、写字是给什么人看、给什么人听的。"[①] 毛泽东运用人民群众所熟悉的语言来宣传马克思主义，同时"赋予群众的日常语言以马克思主义的真理内涵"[②]，其实这就是马克思主义中国化的过程，展现出"新鲜活泼的、为中国老百姓所喜闻乐见的中国作风和中国气派"[③]，即用民众自己的话讲明白马克思主义，并深刻理解马克思主义的内在意涵。毛泽东指出："任何思想，如果不和客观的实际的事物相联系，如果没有客观存在的需要，如果不为人民群众所掌握，即使是最好的东西，即使是马克思列宁主义，也是不起作用的。"[④]《庄子》载："吾意善治天下者不然。彼民有常性，织而衣，耕而食，是谓同德……素朴而民性得矣。"[⑤] 中国共产党呼唤出了民众的质朴本来美，取得了革命的胜利。而今社会经济步入高质量发展阶段，人民日益增长的美好生活需要和不平衡不充分的发展之间的矛盾也成为当下解决之须。光大民众的本来美，提升品质，乃是大势所趋。

---

① 中共中央文献编辑委员会：《毛泽东著作选读》（下卷），人民出版社1986年版，第513页。
② 吴荣生：《中国共产党群众语言的早期探索及时代价值》，《毛泽东邓小平理论研究》2020年第1期。
③ 毛泽东：《毛泽东选集》第二卷，人民出版社1991年版，第532页。
④ 毛泽东：《毛泽东选集》第四卷，人民出版社1991年版，第1515页。
⑤ 《庄子·外篇·马蹄》，《诸子集成》本。

二、生长型传播

人因有天赋本来美及其成长，才能从本源上实现传播。人能尽性发展，便是体现本来美的成长。品质是个人本来美成长的内在体现。

1. 生长型传播的表现

（1）秉承本美，各美其美

普及美学传播的形式集中表现为生长。首先，作为传播的主体——人，其生长的起点何在？生长的终点又走向何方？对此，生物学从实证的角度揭示出地球及人类演化发展的大致线脉，但是仍未能阐释清楚生命起源以及人类起源的全部过程。关于人类起源，西方有上帝造人说，中国古代也有女娲造人的传说，这都旨在说明人是有源始由来的。至于人的高低贵贱，是现实秩序下的一种社会界定。其实，古人所讲人之"性"只讲人与人不同，并无根本上的高低贵贱。董仲舒称，"命者天之令也，性者生之质也，情者人之欲也。或夭或寿，或仁或鄙，陶冶而成之，不能粹美，有治乱之所生，故不齐也"①。但是，人却必须生活在现实土壤中，以高低来划分等级，这便是顺应天的表现。性是自具的，美也是自具的，人有天赋，具备了成长传播的基础。

中国自跨入文明社会就存在天地人的秩序。多神教时代，巫觋与众神灵沟通。一神教时代，君王与天沟通，代天来管理天下，尤其以早期中原地区的农耕文明为典型特征，宗族血缘成为维系个人命运与家国发展的重

---

① 董仲舒：《董仲舒集》，袁长江等校注，学苑出版社2003年版，第7—8页。

要纽带。西周时期在宗族的血缘基础上实行分封制,分封诸子,以屏周室。分封诸子供奉周王室,周王供奉天。后来周王室衰微,诸子势大,周王室与各宗子间矛盾渐生,以致出现了春秋战国分裂的局面,在此内在延承的是血统。后世社会多以门第门阀来判定社会地位,其实多根植于血统根脉。即便以现代基因遗传的视角来看也不外乎于此。秦代以后少有分封制,社会治理主要推行郡县制。官员选任不再是一仍宗法血缘,或为举荐,或为科举,选贤与能的宗旨始终未变。隋唐以后的科举制度或其他选官制度,也都是在承天的社会秩序下推行,关乎文脉,因此呈显神圣性。古代为官与为学一体化,这也是个人尊奉文化、冀图通过求学为官获取升迁的内在缘由。贤与愚成为判别人才的主要标准。"唯上知与下愚不移"[①],其意社会是分高低的。在社会现实下,智人需做智人该做的事情,愚人做愚人该做的事情,二者不可颠倒,否则就会导致紊乱。如古代家族供养科举士子前,要先看其是否具备做学问的底子。因此,每个人都有渊源,都有其性情根底,成长之路也不尽相同。成长是成为你自己,属趋异而非趋同的,这便是本来美的成长传播。

囿于主客观因素,并非每个人的天赋本来美都能得到充分成长体现。以社会通行的眼光来评价,依凭智力的高下来评判人才是惯常路径。孔子认为个人本来天赋起决定性作用。"生而知之者上也。学而知之者次也。困而学之,又其次也;困而不学,民斯为下矣!"[②]即便古代君王也无不敬顺天命。"呜呼!皇天上帝,改厥元子兹大国殷之命,惟王受命。无疆惟

① 杨伯峻:《论语译注》,中华书局1980年版,第127页。
② 杨伯峻:《论语译注》,中华书局1980年版,第177页。

体，亦无疆惟恤。呜呼！曷其奈何勿敬！"①因此，终日乾乾，夕惕若厉，以君子之貌呈现。至于个人发展的方向，古人也多倡导君子之风，博闻强识而让，敦善行而不怠，崇善向美使人信服追随。"君子尊德性而道问学，致广大而尽精微，极高明而道中庸。温故而知新，敦厚以崇礼"②。董仲舒称，"明于天性，知自贵于物，然后知仁谊；知仁谊，然后重礼节；重礼节，然后安处善；安处善，然后乐循理；乐循理，然后谓之君子。"③孔子称"不知命，无以为君子"④。在当下，君子之风仍在倡导，大家都渴慕才德出众之人。只是你是你，我是我，你有你的君子风范，这都基于你认识到自身怀具的本来美，并成长本来美，各呈其美。

（2）天道酬勤，自性生长

求知上进，好学善问，是人发展成长的路径。"三人行，必有我师焉：择其善者而从之，其不善者而改之。"⑤仅就个人成长而言，明确学习的目的与方向才能有所成。"好仁不好学，其蔽也愚；好知不好学，其蔽也荡；好信不好学，其蔽也贼；好直不好学，其蔽也绞；好勇不好学，其蔽也乱；好刚不好学，其蔽也狂。"⑥孔子从一个侧面说明了后天学习的重要性。人的所学乃发乎内心，应该衷于自己的爱好，由内向外是真切的性情流露。人的成长根植于本性之美成长，因钟情于所好而勤勉，精诚源源灌注不

---

① 《尚书·周书·召诰》，顾迁注释，中州古籍出版社2010年版，第199页。
② 《中庸》，李浴华、马银华译注，三晋出版社2008年版，第184页。
③ 董仲舒：《董仲舒集》，袁长江等校注，学苑出版社2003年版，第25页。
④ 杨伯峻：《论语译注》，中华书局1980年版，第211页。
⑤ 杨伯峻：《论语译注》，中华书局1980年版，第72页。
⑥ 杨伯峻：《论语译注》，中华书局1980年版，第184页。

绝，金石为开。故而，学不可以已，日积跬步，累累成垛，细土涓流终成高陵河湖。勤奋是本来美成长传播的必备条件。

物之始生，物或裸之，其形必丑。形为表，质为里，形丑却非质丑。因性异而质不同，但是性与质却易受外在环境影响。人有性情之别，性是天性，情为人欲。"人之性无邪，久湛于俗则易"①，人有七情六欲，情欲直接感于外部环境最显多变。人有好恶喜怒哀乐，不学而能即称之为情。情欲最易受外界影响。内无志则任情驱使无端，即便有制度节制也无益。"执事谓喜怒哀乐，自然之中，人人所同，是说天命之性，孟子所谓性善者也。至谓小人愚不肖，类多气染习污而失之，是中之体已不能存，而发亦不能和矣。"②心有志任情发于外，虽外在无节制，纵有染习却无碍本来美成长。刘知己称"自小观书，喜谈名理，其所悟者，皆得之襟腑，非由染习"③，终成《史通》巨著而能彪炳于世，其所说的便是本来美的自性成长。本来美自具而求绝非不努力，恰恰是知道努力的方向，衷于自身所好，取己所需，培根筑基呈露性情的过程，也是找到所能及位置的过程。

2. 生长型传播的特点

（1）多元归一

生长型传播过程中万人万性，呈显性情不同，但是其根归一。老子称："夫物芸芸，各复归其根。归根曰静，静曰复命。复命曰常，知常曰

---

①　刘安：《淮南子·齐俗训》，陈广忠译注，中华书局2012年版，第578页。

②　黄宗羲：《明儒学案·诸儒学案中六》，沈芝盈点校，中华书局2008年版，第2149页。

③　刘知己：《史通评注》，刘占召评注，中央编译出版社2010年版，第271页。

明。"① 常为正常，不知常为妄作，终究要回归正常，复还本来。本来是先
验的，是天矩所在。天不变，道亦不变。因有不变，才有万物相对的变。
天乃唯一，古今中外人们都在冀图探知事物发展的变与不变，以窥观把握
大势所趋。圣人知天，四时行，百物生，各呈其美。

　　人自具的本来美，是其发展的基础。禅宗惠能称："为世人有八万四千
尘劳，若无尘劳，智慧常现，不离自性。悟此法者，即是无念，无忆无
着，不起诳妄，用自真如性，以智慧观照。于一切法，不取不舍，即是见
性成佛道。"② 惠能讲求顿悟成佛，不为外界所障蔽本心。他对众弟子言：
"人性自有利钝，迷人渐修，悟人顿契。自识本心，自见本性，即无差别，
所以立顿渐之假名。"③ 万人各秉其性，这便是天赋本来美。

　　《周易·泰·彖》载："天地交而万物通也，上下交而其志同也。"天示意
传给人，"天命之谓性"，万物各呈其性。志，《说文解字》称"从心之声"，
意为心之所向。《论语》有言"志于道"，意指按照自己的兴趣、爱好成长。
《周易》称"天地不交而万物不通，上下不交而天下无邦"，天人隔绝即为
否卦，人与天能交互沟通才呈泰卦。而人只有秉持天性禀赋滋养升级，尽
性发展，才能取己应得。

（2）滋养升级

　　人本身具有本来美，只是你的美还需成长，而成长便需滋养。古今中
外取得非凡成就之人，无不基于个人天赋基础的兴趣爱好。即便做学问，

---

① 《老子》，卫广来译注，三晋出版社2008年版，第20页。
② 《坛经·般若品第二》，梁归智译注，三晋出版社2008年版，第76页。
③ 《坛经·定慧品第四》，梁归智译注，三晋出版社2008年版，第89页。

亦绝非常人所言及的青灯照壁甘苦勤勉就能达到所照见的门槛高度，否则真把学问看得太过轻贱了。古代士人为官与为学一体，隋唐后推行科举，全国选拔的状元仅有一人。科举所拔擢的人才当数人中龙凤，他们也多由家族择选、众人集中供养出来。

孔子有贤徒七十二，却未必都在学问上出类拔萃。孔子有教无类，这既可以理解为孔子不分贵贱教学生，更可以解释为孔子重视众弟子的天赋本来美，能因材施教，使其依性发展。因材施教的重点就是让其天赋本来美滋养升级，到达自己所能达到的位格，这便是普及美学传播呈现。天乃无限，人之发展在于以有限之力臻于无限。无论儒家、道家、佛家皆有超越有限的路径。① 宋代明道先生称"人之不学进，只是不勇"②，超越更是基于对天的尊奉和与之贯通，因心之所向才愿意甘受痛苦磨炼，并将全部奉养所好成其所愿。

学习是人之本来美滋养升级的必备途径，《中庸》言："博学之，审问之，慎思之，明辨之，笃行之。"③ 学习只是手段，目的是明德、知道。古人认为，人之所以为人是因为人能秉持仁义，能以教化明心见性。教化绝非当今教育获取知识这样的简单含义，而是含有承自上天，化育万物的内在意涵，获取知识只是途径而已。儒家认为人能秉承天，自身担负天的使命，觉有天职推行教化。在其看来，民唯有通过教化才能识道，这是以人顺应天的手段。"王者上谨于承天意，以顺命也；下务明教化民，以成

---

① 张世英：《哲学导论》，北京大学出版社2002年版，第114页。
② 朱熹、吕祖谦：《近思录》，王华宝译注，三晋出版社2008年版，第37页。
③ 《中庸》，李浴华、马银华译注，三晋出版社2008年版，第178页。

性也；正法度之宜，别上下之序。"^①同时，选才与能在当时秩序下也在其列，"列德而尚贤，虽在农与工肆之人，有能则举之，高予之爵，重予之禄，任之以事，断予之令"^②。《人学》开篇即载格物致知、正心诚意、修身齐家、治国、平天下。修身为己事，正是滋养升级的手段和表现。宋代朱熹重新注解《四书》，他提出个人的自新升级途径，"学者当因其所发而遂明之，以复其初"^③，以尽天理之极，而无一毫人欲之私。初就是本来，有人所追求的天理。

（3）从应及到能及

我们经常以事实结果来验证已然发生之事，并认为这是天命所定。孔子曾在匡地被拘围，他认服天命，称："文王既没，文不在兹乎？天之将丧斯文也，后死者不得与于斯文也。天之未丧斯文也，匡人其如予何？"^④只是信天命绝非不努力，恰是知道自己该做什么。

对于未曾发生的事实，佛家称我们生来皆有缘由才铸成因果。今天的一切之因，皆可以用来解释明天之果，这就涉及历史的必然性与偶然性的问题。人具有主体能动性，只不过这种主体能动性都是在特定的历史条件下推进的。但是我们无法自由选择自己的父母，也难能改变自己的血统。我们生来就已经被框限了活动的时代以及活动所能达到的时代高度。时代发展也不以个人的意志为转移。正是在这样的框限下，为个人发展提供了

---

①　董仲舒：《董仲舒集》，袁长江等校注，学苑出版社2003年版，第24页。

②　《墨子·尚贤上》，《诸子集成》本。

③　朱熹：《朱子全书·大学或问》（第6册），上海古籍出版社、安徽教育出版社2002年版，第16页。

④　杨伯峻：《论语译注》，中华书局1980年版，第88页。

充裕的自由空间。检视历史，人的发展莫不如此。如荀子称尧舜禅让主要是因为尧舜有德，"道德纯备，智惠甚明，南面而听天下，生民之属莫不震动从服以化顺"①。儒家强调"内圣外王"，前文已述圣乃聪睿通天，君王称圣更是其担当。内圣是前提，由"内圣"才能走向"外王"。《尚书·尧典》称，"克明俊德，以亲九族。九族既睦，平章百姓，百姓昭明，协和万邦"，因有尧之德，方能兼济天下。后世君王也因承有"敬德保民"的宗旨，方能成就不世伟业。而敬德是因为承天命所任，受万民供奉而勇于担负。万民也需在当时的历史环境下，各归其位，各有所终。这是天下理想的治理状态。古代社会因有天人之间沟通的秩序，并以礼乐来顺天，并多以君子的理想型人格来引导社会规范。当下，我们倡导一种明德向上的生活方式，珍惜自身的天赋本来美，在兴趣爱好的指引下，滋养性情达到自己的能及与应及。

三、花粉型传播

本来美传播必然是花粉蔓延式的，个人因乎自性本美而成长，社会也将呈现多元化，文化也会呈现多样性。

1. 花粉型传播的形式

中国古代君王受命于天，负责管理天下土地百姓。君王自具天赋本来

---

① 《荀子·正论》，安继民注释，中州古籍出版社2008年版，第307—308页。

美，克明峻德，以配上天。君王之德有大有小，所能辖管的土地、百姓有多有寡。此外，治理国家需通过制度性配备拔擢人才。因为在中国古代传统的天人秩序下，士大夫普遍认同君臣有序的格局，并追求道统秉承天序。虽然万人万性，但是万性归于一统。科举制度实施初期，精英人才能够通过科举获得升迁发展，以获得相应的品级认可。科举制度也是媒介，是呈现古代人顺天的手段与途径。科举制度能够使多数优秀精英呈显本来美，便是当时社会秩序下本来美花粉式传播的集中表现。古代传统社会发展到后期，积弊成病之势愈显，如朱元璋就认识到科举的弊端，就曾做出暂停科考之举无奈之下，又只得复旧如初。清末废除科举后，旧有秩序不复存在，个人本来美以新的方式传播呈现。

上古三代之前，封建治天下，区区百里之间，一国事情，上下之间交通尤易。秦汉以后，施行郡县制，地广千里，人衍众多，"承平日久，国家诏诰，率皆依于故事；则遵守者相习相安，而渐以相忘"①，君王难以了解基层民众的意愿，民意也无法顺畅地触达于上，安常处顺之时，亦未觉其弊，天人之间的沟通渐趋阻滞。因上下阂阻之弊日显，故而新的媒介技术手段应用便呼之欲出，成为上下交通的重要路径。此时，西方报纸兴起，广见闻，开风气，通上下，成为国家要务。新技术手段的运用既是国家社会的需要，也是基于人自身发展的需要。值得一提的是，每一次大的技术革新都会开辟新的传播格局。当时学者以西方技术为手段，"中学为体，西学为用"，竞相开办西学报刊。新式报刊的出版、印刷成为知识分

---

① 戈公振：《中国报学史》，岳麓书社2011年版，第49页。

子传播新知识、新思想的武器。清朝灭亡后天人隔绝，先进知识分子抨击旧制度，反对旧秩序，以"化大众"的方式探索救国救民道路，最终却归于失败。中国自古以来就是一个农业大国，农民人口占据了大多数，中国共产党倡导以农民为师，虚心向民众学习，呼唤出亿万民众的质朴本来美并蔓延传播开来，中国革命才取得胜利。民众自具本来美，其质朴本来美被集体焕发出惊天伟力，便是花粉型传播的体现。

新中国成立以后，中国在"一边倒"政策下全面学习苏联，开展工业化发展之路。与此同时在全国推进扫盲运动，让民众在知识普及的基础上实现提高。但是，大众内在品质的升级绝非一日之功，知识的进阶与社会的发展同步。到1960年以后，中国开始去苏联化，走自力更生自强之路。其后虽历经波折，社会发展深受破坏，却仍能集全国最优质人才之力创作出流传于世的精品。闭塞长久就需开放发展。改革开放以后，大众的品质升级之路全面推进，并在学习西方的过程中加速成长。爬梳自五四以来中国学习西方的脉络，现代化发展是主线，科学与民主是表征。尤其自新中国成立以来，中国在现代化之路上探索的过程也是探求自我发展道路的过程。而西方自文艺复兴以来秉持理性与科学主义，发掘人的力量，实现个体解放，在几百年内取得了令世界叹羡的成就。但西方在美学观念上一度占据制高点，并贯通于科技、文化、经济、社会等领域，美学成为驱动社会发展的动力。中国在发展过程中主要是学习西方先进的。在此方面，中国在经济上以消费驱动最为明显，呈现在西方美学、传播学的影响下的鲜明特征。在经济发展过程中主要是借助外部驱动力量，而对经济发展发展过程中大众本来美的要素重视不够。互联网兴起后确立了其在社会各个行业发展过程中的基础性地位，在外部互通有无，极大程度满足了人的消费数量需求。互联网将传统消费需求无限放大，加速着传统经济增长模式的消退。人们一度在追求外部需求，也一度忽视自我本来美的成长，当此之时社会经济步入高质量发展阶段，才有独具特色的个体本来美被呼唤成长。基于个人天赋本来美发展的多样性呼唤，对社会经济发展的丰富多样性需求也由此被呼唤出来，本来美才会以花粉式蔓延传播开来。这既是个人基于自我本来美成长的需要，更是历史发展的必然趋势。总之，一时代有一时代之形势，一时代也有一时代之新气象，本来美花粉传播绝非凭空而来，自有其根基。

2. 花粉型传播的特点

（1）阶段性

花粉型传播呈现明显的阶段性特征。以汉字诞生、变迁的表现最为卓显。文字诞生标志着人的觉醒。人类在诞生之初生存主要依凭本能，进化发展的突变标志就是文字的诞生，天雨粟，神鬼泣，自此跨入文明阶段。我们常言"文以载道"，却不知文何以载道？因为天垂象，人最初将象摹刻于玉石之上，以错画成文，文字就是人本来美的集中体现。无论是夏代及殷商占卜祝祈契刻甲骨文，还是周代于青铜器之上铸刻金文，以及六国大篆、秦小篆，乃至隶书、楷书等皆沿循内在的一致脉络，渐续演变而来。从突变到渐变，呈现出历史中鲜明的阶段性特征，文字变迁的整体阶段性发展，背后是本来美的传播的阶段性。

文字的使用者是人，文字使用的变化就是人本身的变化。自先秦到清末，延承使用的文言文一直为精英阶层专用，这是因为在当时社会秩序下文字是分辨个人品质的重要参照依据，所以精英阶层与大众阶层二者之间形成了文言文与白话文的使用区别。清朝灭亡以后，旧有的社会秩序不复存续，新文化运动兴起，知识分子倡导白话文，自此文言文骤然不复使用，白话文以蔓延之势通行于民。人人都能使用白话文，白话文不再是区分精英与大众的标准。个人本来美呈现的方式多元化了，其间我们又可窥观到普及美学花粉传播的阶段性特征。

人们日常称世道变化，段玉裁称"三十年为一世"，《左传·宣公三年》载："卜世三十，卜年七百，天所命也。"意为一个时代呈现一个时代的发展特点，无论短时段、中时段还是长时段。人之发展终归是时代下的发展，本来美自然也同样呈显阶段性。在客观历史条件下，不同时代的人完成不同的历史使命。何谓完成？尽己之性方可被称为完成，尽性恰为本来美成长传播的集中体现。历史并非仅呈为个人的行为，而是整体性的。毛泽东称"历史是由人民创造的"，我们依循普及美学花粉传播的研究即能理解其内在旨趣。

（2）贯通性

普及美学传播以花粉的形式传播本来美，并非意味着天下之人如出一辙，而是意味着天下诸人都能发展成长自己的天赋本来美。各呈其美，万众一心，呈现出贯通性恰恰是花粉型传播的显著特点。

孔夫子教导端木赐，并非仅在广度上教授更多知识，"予一以贯之"[①]，是以贯通的方式来使其获得。如何贯通？既然万物万性，那么首先要识物之性，然后才能识人之性，由物性知道原理，方能分清不变与变。物性承于天然，所以易于把握。以之贯通，方能通于万物。孔夫子提出来忠恕从心，古人言心为性，性承自天，故而能贯通，这也是孔夫子的人伦主旨。二程称为学有三个方面，"一曰文章之学，二曰训诂之学，三曰儒者之学"[②]，文章之学在于组织，训诂之学在于语言文字，儒者之学在于求理指向意义。语言文字是基础，谋篇布局是人的组织能力，循道求理为目的，三者缺一不可。字有字性，汉字应天成象，指向本来。人的能力有大有小，文无定法风格各异，关乎人的性情根底。人之性又是天然自具，这便是从本源上追溯问题。道是天，是理，万物皆有理，皆是同一个理。只是人的发展需尽己之性，这才是内在品质的升级趋势。万变不离其宗，在本源上贯通才是解决问题的根本。

个人本来美乃天赋，我们难能更改，但是我们却能滋养、顺承本来美的成长，依循自己的兴趣爱好达到应及的高度。本来美的花粉传播，整体上自有品级呈现，人人各呈其美，也能各得其美。孔子称"君子不器"，意为精执于一隅而又不限于一隅，其意在于贯通。《说文解字》称器为皿，众器之口，犬所以守之，指食用之器。《周易·系辞》称"形乃谓之器"，在天成象，在地成形，器指人之力使物成形。人力各有大小，成形各显差异，所以《礼记·王制》称"喑聋、跛躃、断者、侏儒、百工，各以其器食

---

① 杨伯峻：《论语译注》，中华书局1980年版，第161页。
② 朱熹、吕祖谦：《近思录》，王华宝译注，三晋出版社2008年版，第42页。

之"①，器引申为能力，人人能力不同。因人之性不同，众人各具所能，各守器用是为常态，君子不器就是强调贯通。朱熹以君子贯通来定义器，"非特为一才一艺"②。以上解释多以不器的表现为重点，却多忽视了如何才能不器。君子是不器的主体，如何成为君子是我们关注的重点。君子若想不器，则须具备不器的能力。"玉不琢不成器"，个人秉持天赋本来美，经滋养精进才能成器。若想臻于不器，需行贯通，因美能贯通一切，故而本来美能蔓延传播无拘。

---

① 《礼记校注•礼运》，陈戍国校注，岳麓书社2004年版，第103页。
② 朱熹：《朱子全书•朱子语类》（第6册），上海古籍出版社，安徽教育出版社2002年版，第78页。

第三章　普及美学传播的主要内容

普及美学传播学专注于人的天赋本来美的成长传播，从本源上回归人本身。人的传播的内容主要包含本真、兴趣和品质三大方面。其中，本真就是初心的体现，也就是本来美；个人的兴趣爱好是普及美学发展传播的具体内容方向；而品质是普及美学传播发展的内容层次。

一、本真

普及美学传播倡导初心之美的光大，以质朴的本意复归事物发展的本来轨迹，统归到人本身上就是呈露出自身独具的性情。

1. 回归质朴，秉有初心

中国古代传统秩序中，对本真的强调是首位的。居于正统地位的儒家，最是强调道。道就是天，是本来固有的。人追摹大道，却常常出乎框矩，所以需循向本源根底。人为万物之灵，人有天性本来美，率性发展便是呈显本来。孔子言："《诗》三百篇，一言以蔽之，思无邪。"《诗经》为儒家经典之一，自然承续着天人的秩序。无邪，即本真。无论风雅颂，还是赋比兴，皆能呈露初心之美。邱伟杰称，普及美学也被称为归真美学。

　　普及美学传播所倡导的回归本来，并非舍弃人欲，使人置于僵死之境。在古代，儒家强调天人秩序，实为承天的伦理秩序，讲求各归其位，回归本来，绝非后人所称言的道德指向。真可被分为本来之真、现实之真与语言之真。人最难达到的便是本来之真，实现现实之真与语言之真都是为了达到本来之真。我们都有天赋本来美的种子，普及美学传播要求人在历史客观环境下找到自身的发展定位，承认自身的本来美，成长传播自身的本来美。我们难能超越客观的历史环境，只能依据当时的历史环境提出针对当时的语境分析。汉代董仲舒提出"天人三策"，强调"天人合一"就是对汉代传统秩序的维护，只是董仲舒将天降灾异化作对君王的警示，让君王秉持初心。宋儒朱熹更加强调"道"，唯有本乎道，本乎理，才能回归初心。他在倡导为文作字中称："道者文之根本，文者道之枝叶。惟其根本乎道，所以发之于文皆道也。"[1] 理无处不在，"文字自有一个天生成腔子。作文自有稳字。"[2] 须依定格、依本分，即做好自己该做的。

　　明代王阳明也深知为文求理的缺陷，"言益详，道益晦；析理益精，学益支离无本，而事于外者益繁以难。"[3] 求理的主体还是人，需求诸本身而

---

　　① 朱熹：《朱子全书·朱子语类》（第18册），上海古籍出版社、安徽教育出版社2002年版，第4314页。

　　② 朱熹：《朱子全书·朱子语类》（第18册），上海古籍出版社、安徽教育出版社2002年版，第4304页。

　　③ 王阳明：《王阳明全集》（一），陈恕编校，中国书店2014年版，第192页。

非外物。王阳明年近 50 岁时，在江西遇宁王朱宸濠叛乱，当机立断，未获成命起兵，以少胜多平乱，其后又遭武宗皇帝近侍谗言加害。他历经"百死千难"后，龙场悟道，提倡致良知。良知就是人心中本来自具的天理，便是初心。王阳明称："良知只是一个天理，自然明觉发见处，只是一个真诚恻怛，便是他本体。"① 只需用真心恻怛，便能发现天理良知，成就自己的本来，以"同天的境界"② 为最高境界。在王阳明这里，天理良知人人皆自具，与禅宗无二，自然就能发展回归本来本真。

明末学者李贽提出"童心"说，童心即真心、初心，就是拒绝一切假纯真，是最初一念的本心。"若失却童心，便失却真心；失却真心，便失却真人。人而非真，全不复有初矣。"③ 李贽所提倡的童心主要是针对历来对义理阐释泛滥痼疾而提出。人生之初本持有无瑕童心，但是及至渐长，学到了诸多道理知识就视其为真理，以致童心被蒙蔽。由此看来，知识、思想与初心是相对立的，知识愈学多，反而迷于枝叶，离初心愈远。以五四新文化运动以来探索救国救民的道路为例，知识分子们以先进科学知识来教育广大民众，探索西方式的道路，但是最终归于失败。而中国共产党历经挫折后，针对中国国情走农村包围城市的道路，并且在实践中虚心向民众学习，最终唤醒了亿万农民的本来美，并带领广大农民取得了革命的胜利。

---

① 王阳明：《王阳明全集》（一），陈恕编校，中国书店2014年版，第73页。
② 冯友兰：《中国哲学简史》，赵复三译，生活•读书•新知三联书店2009年版，第5页。
③ 李贽：《童心说》，《焚书•续焚书》，张建业译注，岳麓书社1990年版，第96—97页。

初心与知识、思想的关系其实涉及本体的问题。我们所称的理只是我们认为的理，其实，本来美无须外借固然自在。中国古代读书的最终目的并不是获取更多知识思想，而是明理，护助初心之美成长。李贽称，多读书识义理反而障其初心，初心既障，言语不由衷，政事无根柢，文辞不达意。"非内含于章美也，非笃实生辉光也，欲求一句有德之言，卒不可得。"① 若秉持初心，则能在各个方面呈现，无论言语、为政、文辞皆能发自真心，都能呈现本来美。但是，人又怎能不受社会中习俗环境的影响？因此，初心的呈现方式有两种：一种是本来就是初心，一种是经受过环境洗染后，仍能保持初心。我们绝大多数属于第二种。初心便是本来美的呈现。李贽曾以文章之事为喻，提出本自天然的"化工"与人力斧凿"画工"之区别。

> 《拜月》《西厢》，化工也；《琵琶》，画工也。夫所谓画工者，以其能夺天地之化工，而其孰知天地之无工乎？今夫天之所生，地之所长，百卉具在，人见而爱之矣，至觅其工，了不可得，岂其智固不能得之轨！要知造化无工，虽有神圣，亦不能识知化工之所在，而其谁能得之？由此观之，画工虽巧，已落二义矣的。文章之事，存心千古，可悲夫矣。②

文章作品的撰述者是人，人持有本心，文章才能臻于一流境地。近代

---

① 李贽：《童心说》，《焚书·续焚书》，张建业译注，岳麓书社1990年版，第96—97页。

② 李贽：《杂说》，《焚书·续焚书》，张建业译注，岳麓书社1990年版，第96页。

以来，无论我们如何学习西方，人人明德至善的目标始终未变。本来美存在于广大民众之中，个人自具，谁也夺不走、抢不去，个人达到自身所及，便需在当下持有初心抱朴归真，依乎真正的兴趣、爱好率性成长。

2. 呈露真性情

在汉语中，性与情常连称，人们提及的性情往往不太关乎性而只涉及情。其实，二者具有本质性差别。《中庸》载"天命之谓性"，性由天命下贯，万人有万性。性又受外物影响，根乎性。人之所得即为德。《尚书·禹夏书·大禹谟》称"惟德动天"。德有大小，获得的目的，是为完善天性，丰富个性，由此复归本来，这就是我们经常所提到的德性。性本美，由性到德体现的是天性本来美成长传播。但是，德和性还受情驱动。性主要体现的是人的禀赋质地，德是关乎人的品级，所以我们常称品德，情则主要呈现人的欲望和能量。先秦时期常常性情不分，二者"是同质而常常可以互用"[1]。其实二者具有本质性差异，"性在本体领域，情为现象表出"[2]，荀子称"性之好、恶、喜、怒、哀、乐，谓之情"[3]，可见性与情二者之间为体与表的关系。故而，在普及美学传播过程中人的天赋本来美就是关乎自性美的成长传播。

人固然有本美的天性源头，却并未否认人的情欲。《说文解字》称情为"人有阴气有欲者"，情为阴，性为阳。人有"喜、怒、哀、惧、爱、恶、

① 徐复观：《中国人性论史》，台湾商务印书馆1969年版，第233页。
② 余治平：《儒学之性情形而上学》，《哲学与文化》第353期，第5页。
③ 《荀子·正名》，《诸子集成》本。

欲，七者弗学而能"①之情，性由情驱动而呈露，故而汉代荀悦称："好恶者，性质取舍也，实见于外，故谓之情尔，比本乎性矣。"②宋代王安石称性为"情之本"，情为"性之用"，再到朱熹"性是体，情是用"，都在述说人的性与情本质上有别，却不可分离的关系。

人的天性与生俱来，情"接物而生"③，多需要借助制度来节制。《郭店楚简》载："情生于性，礼生于情，严生于礼，敬生于严，望生于敬"。由性到情再到礼，环环相接。礼本来为养人欲，滋养人的性情，最后却发展成为规限人性情的外在框矩。古代传统社会，儒家讲求以制度来顺天，孔子七十从心所欲而不逾矩，矩为天矩，而非人矩，便是至高境界。"无情者不得尽其辞"④，此谓知本。"民有血气心知之性"⑤，真性情便是本来美的外在体现。

社会是人生存的土壤，时代不同，风貌有异，人的性情呈露也有区别。在古代推崇为文，文辞最为时人所看重。撰写文章是有门槛的，能直接反映出一个人的质地，成为"情性之风标，神明之律吕"⑥。众人蕴思含毫，放言落纸，气韵天成，皆各秉其性，各呈所好。儒家学问将文章列为首位⑦，只因文章之学关乎性情，风格因人有异。清代李渔也认为一个人自具的天赋本来美，只需观其说话、行文即能看出来，"说话不迂腐，十句

① 《礼记校注·礼运》，陈戌国校注，岳麓书社2004年版，第159页。
② 荀悦：《申鉴·杂言下》，龚祖培校点，辽宁教育出版社2001年版，第21页。
③ 韩愈：《原性》，见屈守元、常思春：《韩愈全集校注》，四川大学出版社1996年版，第2686页。
④ 《礼记校注·大学》，陈戌国校注，岳麓书社2004年版，第486页。
⑤ 《礼记校注·乐记》，陈戌国校注，岳麓书社2004年版，第279页。
⑥ 萧子显：《南齐书》卷五十二，中华书局2000年版，第617页。
⑦ 朱熹、吕祖谦：《近思录》，王华宝译注，三晋出版社2008年版，第65页。

之中定有一二句超脱，行文不板实，一篇之内但有一二段空灵，此即可以填词之人"①，这是天性所具，事事皆然。凡能行诗文书画、饮酒斗棋与百工技艺之事，无一不具夙根，无一不本乎天授。

古人首先强调本来美的基础性作用，其次才是情欲能量驱动下的个人主体能动性发挥。袁宏道提出"性灵"说，主张"独行性灵，不拘格套，非从自己胸臆流出，不肯下笔"②，即我们经常说的灵感。明代屠隆认为"夫文者，华也，有根焉，则性灵是也。士务养性灵而为文有不巨丽者，否也。是根固华茂者也"③。然而后人为文作诗却一味强调情的主导性作用，提倡以情为本。如明代冯梦龙认为六经皆情教，进而提出"欲立情教，教诲诸众生"④的主张。因情驱动，万物环生，生生不灭，皆由情而不灭，性情卓显。其实，情本自性，因性能贯穿于万物始终。万物呈性，万物有心，万物才有情。诸人各具气质禀赋，皆以本来美为基础，故能呈现万般气象。

文章能贯通天地，是因人的极致性情而彰显品质。情动而言行，理发而文现，人之情性熔铄，陶染有凝，文章气质自现。刘勰将文章分为"典雅""远奥""精约""显附""繁缛""壮丽""新奇""轻靡"⑤八体，实则是八种气质，呈现而出的是人的品质。元代汤显祖认为情是艺术创作的动力，情生诗歌，而行于神，才是艺术作品感动人心的原因。

---

① 李渔：《闲情偶寄·词采第二》，《中国古典戏曲论著集成》（七），中国戏剧出版社本。

② 袁宏道：《袁宏道集笺校》，钱伯城笺校，上海古籍出版社1981年版，第187页。

③ 屠隆：《文章》，《鸿苞节录》卷六，清刊本。

④ 冯梦龙：《情史》，岳麓书社1986年版，序言第1页。

⑤ 刘勰：《文心雕龙译注》，陆侃如、牟世金译注，齐鲁书社1995年版，第368页。

> 天下之声音笑貌大小生死，不出乎是。因以儃荡人意，欢乐舞蹈，悲壮哀感鬼神风雨鸟兽，摇动草木，洞裂金石。其诗之传者，神情合至，或一至焉；一无所至，而必曰传者，亦世所不许也。[①]

由此也可窥观宋元时期的北方杂剧之所以能够感人的缘由，而宋廷则多僵化地拘于礼法，口口声声不离顺承于天，却是乖离天道越远；直接发乎真性情的作品更能展现作品的质地以及人的本来美，体现出与古希腊亚里士多德《诗学》所言及的净化效果。即便有人模仿，仍然多得其形，而未得其神。"一家之语，自有一家风味。如乐之二十四调，各有韵声，乃是归宿处。模仿者虽似之，韵亦无矣。鸡林其可欺哉！"[②]为文呈艺，最难的是留有自己的性格。

二、兴趣

普及美学传播倡导兴趣爱好。人只有真正衷于自己的兴趣爱好才是应得的本分。同时，人只有滋养性情，才能让自己的天赋本来美得到最大程度光大传播。

---

① 汤显祖：《耳伯麻姑游诗序》，《汤显祖诗文集》（卷三十一），徐朔方笺校，上海古籍出版社1982年版，第1050页。
② 姜夔：《白石道人诗说》，《白石诗词集》，夏承焘校辑，人民文学出版社1998年版，第66页。

1. 兴趣爱好

中国古代传统社会倡导耕读传家，尤其是中原地区，格外安土重迁，以求安定稳固。士农工商四民是为国家柱石，地位逐次降低，却以农的群体最大。追求富裕是人与生俱来的天性，"富与贵，是人之所欲也"。[①] 但是，国家又限制求富，使之有度，人们不能无限度地占有田地，自然开始了转内敛精细深入发展之路，或深研自己的爱好雅好，或培养士人。从这个意义上讲，士人实际上是由农工商阶层供养出来的。士人遵礼，礼者，养也。士除却被纳入国家统治的秩序外，少有其他途径实现自身抱负。但是，礼是为理的外在表现，人若一味守礼，只是沉溺于所认为追求的理，就会忽视了理自含其中。世道有变，礼也应随之变化。礼法制度陈陈相因，逐渐成为人们思想行为的禁锢束缚，因此便涌现出在礼法之余的文人雅趣。"香令人幽，酒令人远，石令人隽，琴令人寂，茶令人爽，竹令人冷，月令人孤，棋令人闲，杖令人轻，水令人空，雪令人旷，剑令人悲，蒲团令人枯，美人令人怜，僧令人淡，花令人韵，金石令人古。"[②] 生活的意趣无处不在，显然易于沉溺其中。明代学者计成称，大凡建筑喜用均齐格局，以示庄重，无论屋宇配置、刻镂绘画无不如此，尤其以庙堂为显著特征。但是，个人喜好却"往往轶出于整齐画一之外"[③]，尤其是自秦汉以来，君王多视宫禁若樊笼，多流连于离宫别苑，恰是因为宫禁为法度所拘，而别苑纯任天然，可以尽错综之美，穷技巧之变，即便士大夫居室

---

① 杨伯峻：《论语译注》，中华书局1980年版，第46页。
② 陈继儒：《岩栖幽事》，文渊阁《四库全书》本。
③ 计成：《园冶注释·序》，陈植注释，中国建设工业出版社2017年版，第21页。

亦靡不皆然。其中，计成讲到宫廷禁苑、王侯宅邸因其均齐画一，拘于法度，罕能遗留长久，而园林一任天然，却能传之不朽。士大夫按理说更该遵守礼法的轨度才是，却极珍爱园林的天然意趣，足见人为的断难胜过天然，而人的兴趣爱好深藏于天然意趣中，绝非强为的规度。宫廷禁苑凿上了法度的烙印，而园林却留有个人的风格性格，并与士大夫的品性一一对应。君王追求法度，以法度合乎天理。天理是先验的，人追求先验。因有法度才有任意。个人以兴趣之心求诸天然，理自含其中。故而，君王法度有君王的理，士大夫爱好有士大夫的理，君王与士大夫呈显的本来美各异其趣。

孔子曾言："知之者不如好之者，好之者不如乐之者。"[①] 在知的阶段，可能只是简单的认知，并不需要投入过多情感；但是到了喜好的阶段，则需要注入情感；再到了快乐的阶段，除了之前的深入认知、情感投入，定是需要意志的体验了。"物常聚于所好，而常得于有力之强。"[②] 真正的兴趣从来就不是简单的浅尝辄止，"良工不示人以朴"[③]，心之所向，需要投入极致的精力与毅力。

学者常从经验心理学的角度来分析研究，认为兴趣是以情感为动力的生活，即本能、欲望、感情、意志和它们的状态行为和态度的体现。[④] 从心理学角度讲，兴趣的经验情感形式体现出人们在日常生活中对外物的意

---

① 杨伯峻：《论语译注》，中华书局1980年版，第61页。
② 欧阳修：《欧阳修全集》，中华书局2001年版，第599页。
③ 范晔：《后汉书》卷二十四《马援列传》，中华书局2000年版，第553页。
④ 李淑梅：《哈贝马斯以兴趣为导向的认识》，中国社会科学出版社2007年版，第267页。

愿，主要体现在是否支持、赞成、愿意和需要等态度上，其表现是由人的欲求与嗜好所决定的，受人的本能支配和制约。据此看来，兴趣主要是受外物的刺激和牵制，这显然是西方美学情感认知的研究路径。这种经验的兴趣反映的是人对经验对象的欲求和期待。当人的欲望得以满足时，就会产生愉悦情感，从而使乐意的程度得到提高。哲学家康德认为，当兴趣以某种经验对象所激起的情感和欲望为基础的时候，我们可以说有一种间接的或感受的兴趣。① 为此，康德区分了人的认识能力，认为只有感性和知性的认识能力才能对现象界对象所激起的欲望产生一种感受的兴趣，于是他构建了对感受兴趣的对象知识。对于理性对象——理念或者物自体，需从主观和客观两个方面探究。在主观方面，理念是理性对经验的概括，它要求完整性；在客观方面，经验总体有相应的对象即本体。而普及美学传播学认为，人的兴趣是一种迥然于西方的经验心理学的不同表达方式，因人有本来美的天赋，各具其性，每个人都有本来美的种子，出于对本来美的呼唤而依性成长。现实状况下的人衷于自己的爱好便是兴趣表现。明末张岱《自为墓志铭》载：

> 蜀人张岱，陶庵其号也。少为纨袴子弟，极爱繁华，好精舍，好美婢，好娈童，好鲜衣，好美食，好骏马，好华灯，好烟火，好梨园，好鼓吹，好古董，好花鸟，兼以茶淫橘虐、书蠹诗魔，劳碌半生，皆成梦幻。②

---

① ［德］康德：《道德形而上学原理》，上海人民出版社2002年版，第136页。
② 张岱：《陶庵梦忆》，栾保群校注，江苏凤凰文艺出版社2019年版，第341页。

张岱虽自谦"称之以富贵人可，称之以贫贱人亦可；称之以智慧人可，称之以愚蠢人亦可；称之以强项人可，称之以柔弱人亦可；称之以卞急人可，称之以懒散人亦可。学书不成，学节义不成，学文章不成，学仙、学佛、学农、学圃俱不成。任世人呼之为败子，为废物，为顽民，为钝秀才，为瞌睡汉，为死老魅也已矣"[①]，但是其文学、史学及艺术上的成就无与伦比，故而又声言自己好著书，有《石匮书》《琅嬛文集》《西湖梦寻》等传世，后世留有其潇然不羁的性格。人秉持本来美，衷于自己的兴趣爱好能够体验到极致的快乐，因此人的兴趣爱好才是自己应得的本分。

2. 存养

"你本来是美的，你的本来美还需要成长。"驱动本来美成长的直接体现便是你的兴趣爱好。只是人的爱好奢贵，需滋养性情方能养得起。《孟子》称："存其心，养其性。"每个人的天赋不同，爱好各异其趣，滋养的方式、程度也不尽相同。因有滋养，个人所衷之事所能企及的高度和呈现的特色自然有异，故而能呈显不同的品质以及个人的独有性格，"乾道变化各正性命是也。长育而后人材美，故刚者、柔者、暴者、舒者、急者各得其中"[②]。至于如何达到各得其中，难能脱离的途径毫无疑问便是存养。"若不能存养，只是说话。"[③] 存养无时不有，动息节宣、饮食衣服、威仪行义，推己及物则可以养人。"慎言语以养其德，节饮食以养其体"[④]，从近端细末

---

①　张岱：《陶庵梦忆》，栾保群校注，江苏凤凰文艺出版社2019年版，第342页。

②　石介：《上颍州蔡侍郎书》，《石徂徕集》卷上，《丛书集成》本。

③　程颢、程颐：《二程集》，王孝鱼点校，中华书局1981年版，第204页。

④　朱熹、吕祖谦：《近思录》，王华宝译注，三晋出版社2008年版，第93页。

之事窥见大端。

程颐总结，圣贤千言万语一句话，就是将已放之心约入身来。因为圣贤先哲知晓自己的内心所向，并契合人所追求、所认为的理。于常人而言，则需要磨炼，节制欲念而安于止。最基本的存养功夫便是敬以直内，秉有初心，"涵养须用敬，进学须致知"①，以"思无邪""毋不敬"循而行之，且不可急迫，栽培深厚，涵泳其间，才可以自得。故而，儒家提倡敬心去做，无所为而为之，绝非为速速取得实效。程颐的思想被朱熹继承，二者都属于外求路径。外求束心，心却自有所向，终归属隔靴搔痒。至王阳明倡导心学，坚持自性本来美，涵养其间，走出了一条由内而外的存养道路。

> 只念念要存天理，即是立志。能不忘乎此，久则自然心中凝聚，犹道家所谓"结圣胎"也。此天理之念常存，驯至于美大圣神，亦只从此一念存养扩充去耳。②

普及美学传播正是在承续王阳明心学的基础上，以自性为基础，由内而外践行涵养功夫。人之滋养成长，亦绝非坦途，难能不受到内外诸因素影响。"贵富显严名利，六者悖意者也；容动色理气意，六者缪心也；恶欲喜怒哀乐，六者累德者也；智能去就取舍，六者塞道者也。"③诸因素只是

---

① 程颢、程颐：《二程集》，王孝鱼点校，中华书局1981年版，第188页。
② 王阳明：《王阳明全集》（一），陈恕编校，中国书店2014年版，第10页。
③ 《吕氏春秋·有度》，《诸子集成》本。

培植滋养性情的养料，绝非决定性情发展的本源。因有兴趣爱好，才愿意专注学习。荀子称，学不可以已，"锲而不舍，金石可镂"①。人以自身的精进努力，滋养自己的性情与爱好，成长自己的天赋本来美。王阳明说，"'惟一'是'惟精'的主意，'惟精'是'惟一'的功夫，非'惟精'之外复有'惟一'也。精字从米，姑以米譬之。要得此米纯然洁白，便是'惟一'意；然非加舂簸筛拣'惟精'之功，则不能纯然洁白也"②。精进之功便是"惟精"，心之所向便是"惟一"。人人有心，各怀兴趣爱好，各归其位，能各享其趣便是天理所具。

人需养得一方闲暇方能有余力思考做事，明道先生称"性静者可以为学"③。"学者患心虑纷乱，不能宁静"④，是为天下公病，学者也多倡导以静来涵养。静非徒求静养，而是须用克己功夫，"人须在事上磨，方立得住，方能'静亦定、动亦定'"⑤，关键是心定。"定者，心之本体，天理也。"⑥北宋欧阳修以学书求静为乐滋养性情，令人看到一番雅趣。

> 有暇即学书，非以求艺之精，直胜劳心于他事耳！以此知不寓心于物者，真所谓至人也；寓于有益者，君子也；寓于伐性情泪情而为害者，愚惑之人也。学书不能不劳，独不害情性耳！要得静中之乐者，惟此耳。⑦

---

① 《荀子·劝学篇》，《诸子集成》本。
② 王阳明：《王阳明全集》（一），陈恕编校，中国书店2014年版，第12页。
③ 朱熹、吕祖谦：《近思录》，王华宝译注，三晋出版社2008年版，第46页。
④ 朱熹、吕祖谦：《近思录》，王华宝译注，三晋出版社2008年版，第105页。
⑤ 王阳明：《王阳明全集》（一），陈恕编校，中国书店2014年版，第12页。
⑥ 王阳明：《王阳明全集》（一），陈恕编校，中国书店2014年版，第15页。
⑦ 欧阳修：《欧阳修全集》，中华书局2001年版，第1967页。

可见，当我们汲汲于道学家的普及美学传播思想言论时，却发现艺术、文学领域的践行者已然走在前列，他们滋养自己的兴趣、爱好，并阐发出有关的言论。宋代张邦基称，"自古无不累心之物，而有为物所乐之"①。有乐才逗趣，"世人所难得者唯趣"②，这是滋养出来的，如山上之色，水中之味，女中之态，唯会心者知之。人为外物所役，无暇衷于自己所好，才是莫大的贫穷。人在一生中所能做之事极为有限，做自己所衷，甘愿为之倾付，才能享受到至高乐趣。

三、品质

孔子称，克己复礼为仁，我们常将之归为遵顺外部礼法，其实其核心是讲品质。品质是普及美学传播内容的核心体现，品质的提升集中体现为品味的细化、广化和深化，品格的卓立不群以及品级的提升。

1. 品味

人类诞生之初，五感六觉等都是人的本能，人与动物一样也具有基本的本能性欲求，但是人的本能远远没有动物强大。只是人类具有自主能动性，为其发展提供了可能性和广阔空间。火的使用是人类发展过程中的一大标志性进步，火意为光明，人由此由黑暗蒙昧踏入新的智慧发展时空。

---

① 张邦基：《墨庄漫录》卷八，《四部丛刊》本。
② 袁宏道：《序陈正甫会心集》，《袁宏道集笺校》，钱伯城笺校，上海古籍出版社1981年版，第463页。

考古发现，在距今 70 万年至 20 万年的北京周口店猿人已能自主使用火。最初的火也是取自天然火种，燧人氏钻木取火是后来的事情。因有火的使用，人类才能享用熟食佳肴，熟烂呈美，人之感官体验的升华便是对美的感受与享受，所以最初的品味意指食物肴馔。可见，美本是客观存在，人的感觉体验便是品，有不凡的味道才能令人回味。人类踏入文明社会，其突出表现便是对神灵的敬畏与祭祀。《礼记·礼器》载："牲不及肥大，荐不美多品。"唐代孔颖达解释说"荐祭品味，宜有其定，不以多为美"，可见用来祭祀之物有固定数量限制，而祭品多用美味熟食。既然祭品不以多为美，那么有限的数量如何才能体现出对神尊敬？那就是品质。人最初以一种直观的感官体验品出美感，进而将之升华，并以制度性的方式进行规限，使其成为一种不可多得品鉴能力。可见，人对美的深入品味是有门槛的，不仅是简单的外在感官体验，更是人内在品质提升下的集中呈现。

　　踏入文明社会，古人取石之美者雕琢成器，用以祭祀天地鬼神。人将至贵至美之物供奉至高者，故而敬献之物皆蕴有神意。因崇高才显有美，人以至诚之心奉神，巫觋以玉器作为媒介与天地鬼神完成沟通，已然超越了单纯的工具技术使用，达到了与现实生活的隔绝，这便是艺术的源头。因此，检视有限的考古材料，人们经常将原始的艺术与信仰合并在一起考察。如若古人没有感受内在品味体验，也断难琢制出令今人叹羡的器物。琢制的过程，便是用心品味的过程。

　　与此同时，新石器时代华夏文明发展的突破性标志是文字的诞生。人以文字直指神天意象，并将之摹刻熔铸于玉石陶器、甲骨青铜、竹简木牍、丝帛纸张上，进而定义出万物。人因借有文字，我们能准确细致表达世界，涵咏品味。文字最初由巫觋掌握，后转到以君王为中心的社会上层，集中呈现为以文言文为表征的传统等级秩序，延续到清末。文字呈显人的品质，文人多在文字上琢磨下功夫，做到清楚明白并显有精神，滋味无穷。"凡看《语》《孟》，且须熟玩味，将圣人之言语切己，不可只作一场话说。"① 宋代朱熹曾言，大凡事物须要说得有滋味方见功夫，"须要自得言外之意始得，须是看得那物事有精神方好，若看得有精神，自是活动有意思，跳踯叫唤，自然不知手之舞、足之蹈"②。他以读诗为例，认为熟练是必要途径，"只是熟读涵味，自然和气从胸中流出，其妙处不可而言"③。朱熹以求理为要，倡导虚心熟读，推出来其间道理。

因古代士人阶层被供养，便能有余暇滋养自身所爱。无论书画、衣饰、饮食、御乘、屋宇乃至日常所玩，皆能有功夫细致品味。玩出精致，玩出趣味，品出神韵。士大夫丝竹管弦，一觞一咏，畅叙幽情，品评玩赏，自得其乐。明代文征明曾于舍东筑室玉磬山房，树两梧于庭内，"日徘徊啸咏其中，人望之若神仙"④，时人欣羡竟日忘倦。明代文震亨钟情山林雅趣之乐，仰慕栖岩止谷、崎园之踪，即便混迹廛市也要门庭雅洁、室清靓，"亭台具广士之怀，斋阁有幽人之致"⑤，人只要身居其间，自能感受

---

① 朱熹、吕祖谦：《近思录》，王华宝译注，三晋出版社2008年版，第65页。
② 朱熹：《朱子全书·朱子语类》（第17册），上海古籍出版社、安徽教育出版社2002年版，第3610页。
③ 朱熹：《朱子全书·朱子语类》（第17册），上海古籍出版社、安徽教育出版社2002年版，第2760页。
④ 文征明：《甫田集》，杜晓冬点校，西泠印社出版社2012年版，第543页。
⑤ 文震亨：《长物志校注》，陈植校注，江苏科学技术出版社1984年版，第18页。

到内在品质。

品味是涵养出来的，自古以来皆因物之精良稀少而备受珍爱。明代沈德符称"北宋以雕漆擅名，今已不可多得；而三代尊彝法物，又日少一日，五代迄宋所谓柴汝官哥诸窑，尤脆薄易损"[①]，这些精美的器物文玩才入得文墨之眼。如今我们处于物品丰盛的时代，其实无须再度担忧数量上的匮乏，更需注重内在品质的提升。这其实是人与物双向升级的过程，物尽其性，因人需有涵养才能充分感受和品味，人的品质也因物的品质提升而与之相洽配。人的品质提升，便是本来美的成长与传播体现。

2. 品格

《说文解字》载："品，庶众也，人三为众，故从三口。"《广雅》释为"类"。《周易·乾卦》载"品物流形"，《疏》曰"品类之物，流布成形"，意指物相类相从，流布有形，故而呈现出品级。又《尚书·舜典》载有"五品不逊"，《疏》曰："品为品秩，一家之内，尊卑之差，即父母兄弟子是也。"品又集中呈现为社会伦理秩序，成为一种人为的等级限定。品格主要是指品性、性格，也常用来指文学作品的质量和风格，其背后的本质是人。品格是一种比较虚的人格评判形式，呈现一定的社会道德化倾向。格就是外在法式和外在标准，"言有物，行有格"[②]。生活中人们常以各种事物来比喻人之品格。宋代袁燮曾赞美竹子，"有凌云之势"，"其中则虚，有似乎君子之虚；其心其节则劲，有似乎君子之守；其节体正而气肃，又有似乎君

---

①　沈德符：《万历野获编》，中华书局2007年版，第653页。
②　《礼记校注·缁衣》，陈戍国校注，岳麓书社2004年版，第445页。

子。望之可尊，即之不厌，能使人襟怀洒落，俗氛不入"①。又有梅花，其不霜傲雪，不与群芳争艳，世人谓其有傲骨之品格。晋代陶渊明独爱菊，因菊凌寒不屈，迎霜绽放，卓显坚贞品格。陶渊明也因其不肯"摧眉折腰事权贵"而与菊之品格相映照。事物被赋予了中国传统的思想品格，比附君子之德，成为一种美的表征。品格是高于社会上的大多数普通人的品性，因此才会呈显独特之美。

人的品格是多层面的，或显为文，或显气节，不一而足，是本来美的外化表现。后人曾对"陶渊明诗篇篇有酒"不满，以为其沉溺于恶习，南朝梁萧统却独具慧眼，认为陶渊明之意绝非在酒，酒仅是寄托。纵观陶渊明文章风采卓绝，其人品格彰彰：

> 其文章不群，辞采精拔，跌宕昭彰，独超众类，抑扬爽朗，莫之与京。横素波而傍流，干青云而直上。语时事则指而可想，论怀抱则旷而且真。加以贞志不休，安道苦节，不以躬耕为耻，不以无财为病。自非大贤笃志，与道污隆，孰能如此乎！②

品乃品性，因文而显品，故而能作文者品性高于常人。与其说文显风格，不如说人有品格。唐代皎然论诗，提出"高、逸、贞、忠、节、志、气"等十九个字③，正是人内在品格的体现。因流于俗才趋同成风，因有格

---

① 袁燮：《絜斋集·直清亭记》，文渊阁《四库全书》本。
② 萧统：《陶渊明集序》，见严可均：《全上古三代六朝文》，中华书局1958年版。
③ 皎然：《诗式校注》，李壮鹰校注，人民文学出版社2003年版，第69—70页。

才显有不同。格表现为位格、高度。明代文征明以诗文书画称誉一时，求者接踵于道，即便富贵人依然不易得片纸。文征明为文作画衷于自身所好，非单纯为交易，"周、徽诸王以宝玩为赠，不启封而还之"①，其风骨铮铮，令人称赞。元人杨维桢在品评历代诗篇时称，"评诗之品无异人品也，人有面目骨骼，有情性神气，诗之丑好高下亦然"②，情性不野，神气才显不群。

普及美学传播倡导一种积极向上的品格，品格正是人之本来美的成长体现。宋代苏轼被誉为豪放派代表，尽管才华超绝，却非生来就能下笔成文。其一生宦海沉浮，却仍能不落俗气。宋代何莲称："东坡道人在黄州时作，语意高妙，似非吃烟火食人语。非胸中有万卷书，笔下无一点俗气，孰能至此。"③ 后人仍能记有苏东坡的性格。人之天性是基础，呈显个性；格呈现高度。人处世间受习俗浸染后仍不离本心，才能助益品格提升。

3. 品级

品级是普及美学传播的人为限定表现。级，《说文解字》载，"丝，次第也"。段玉裁注称："本谓丝之次弟，故其字从系。引申为凡次弟之称。"《广雅》称"级，等也"。故而，级为等级之意。人类跨入文明的门槛就呈现出对神天的敬畏。天是最高的等级。在中国古代最显著的等级便是礼，礼的出现是人基于对天序的呼应，以制度化的方式使社会臻于有序。时移世易，礼也因人的变化而发生改变，可见品级是社会限定中相对不稳定的

---

① 张廷玉等：《明史·文苑三》，中华书局2000年版，第4922页。
② 杨维桢：《赵氏诗录序》，《东维子文集》卷七，《四部丛刊》本。
③ 黄庭坚：《跋东坡乐府》，《豫章黄先生文集》卷二十六，《四部丛刊》本。

东西，关于级别、位置等皆为不稳定的限定。在中国古代历朝历代都有具体不同的限定和变化。如周礼规定，"天子九鼎，诸侯七，卿大夫五，士元三也"①，到了东周则是天子、诸侯用九鼎，卿用七鼎，大夫用五鼎，士甲用三鼎或一鼎。

在古代最显著的品级表现是官阶制度，如在西周时期就已经用公、卿、大夫、士等序列形式来区分贵族官员身份的高低。"古者圣王制为列等，内有公、卿、大夫、士，外有公、侯、伯、子、男，然后有官师小吏。"②周代规定，卿与大夫被称为内爵。爵在古代最早为盛酒礼器，酒是先用来敬神的，然后人才能喝。在早期的乡饮酒礼中，奉神后按照人的尊卑贵贱敬酒。可见，爵本身就体现出人神间的品级。卿是乡老的称谓，是氏族和国君所尊礼的对象。③大夫为大人，士为成年美男子，公为元老，可见周代的爵称"都来自人之尊称"④。古代的官阶品级之所以显高贵，是因为人以自身的制度限定来顺应神天，呈现出的是人的内在品质。人以制度来区分高下，就以品级性的形式呈现。故而，自人类步入阶级社会后序分等级，以制度性的方式进行规限，这便是当时人的本来美成长传播的体现。

俸禄是官阶品级的外在表现。周代有采邑之地，宗法贵族受职后能领禄田。到春秋战国时期，谷物作为俸禄报酬的形式开始普及，商鞅变法时就有百石之官，当时的人以此来区别官阶。秦汉时代，推行郡县制，称百

①　徐彦：《公羊传注疏》（《十三经注疏》），北京大学出版社2000年版，第68页。
②　于智荣：《贾谊新书译注·阶级》，黑龙江人民出版社2003年版，第63页。
③　杨宽：《西周史》，上海人民出版社1999年版，第749页。
④　阎步克：《官阶与服等》，复旦大学出版社2010年版，第3页。

官为吏，二千石郡国守相是"长吏"，"主卖官爵，臣卖智力"①，官吏成为政府的雇员，明显带有工具性的意味，这与早先的官吏爵位的神圣性大异其趣。与此同时，士大夫被封爵或贵族世袭，这一阶层兴起，尊礼维系道统，拥有官阶，享有国家俸禄。吏则多为自由雇用聘任，并不拥有正式官阶，我们常称皇权不下县。魏晋时期以九品中正制选官，根据人才的家世、行状确定品级，拔擢人才。"上品无寒门，下品无士族"，寒门与士族就是品级的外在表现。但是，人具有天赋本来美，本来美能够成长，因而人的内在品质也是处于变化中。上品士族尽管有品级，但是品质却日渐下降，庶族寒门品质上升，恰值科举制度推行，庶族寒门便有了品级上升的机会。无论如何变化，中国古代的官僚等级制度中，仍是以品级为先考量的。

社会的品级多是通过事物的外在意象体现出来的，由不同事物折射出人的品级性差异。如古代礼制中对器用有所规定，如："镇圭尺有二寸，天子守之；命圭九寸，谓之桓圭，公守之；命圭七寸，谓之信圭，侯守之；命圭七寸，谓之躬圭，伯守之。"②君王承天品级最高，依序而下逐级递减。古代的官员阶位也称品，如隋唐以后官员品级高低以官袍颜色来区别，《新唐书·车服志》载：三品以上，紫；四品，绯；五品，浅绯；六品，深绿；七品，浅绿；八品，深青；九品，浅青；流外官，黄。③在日常交往中，品级也有不同程度的体现。先秦时，人们见面时常携有见面礼，称作

---

① 韩非：《韩非子》，李维新等注译，中州古籍出版社2018年版，第414页。
② 《周礼·冬官考记·玉人》，吕友仁等注译，中州古籍出版社2010年版，第398页。
③ 欧阳修等：《新唐书·车服志》，中华书局2000年版，第346—347页。

贽或挚，挚的品类因身份级别而显有不同。《礼记·曲礼》称："凡挚，天子
鬯，诸侯圭，卿羔，大夫雁，士雉，庶人之挚匹，童子委挚而退。野外军
中无挚，以缨拾矢可也。妇人之挚，椇榛脯修枣栗。"《仪礼·士相见礼》
说："士相见之礼，挚，冬用雉，夏用腒下大夫相见，以雁……下大夫相见
以雁，饰之以布，维之以索，如执雉。上大夫相见以羔，饰之以布，四维
之，结于面；左头，如麛执之。如士相见之礼。"

　　人们在日常生活中的品级虽非都是通过制度来限定，却能追溯到顺奉
神天的根由。如古人尊左，《史记·魏公子列传》曾载信陵君以马车"虚左"
接侯嬴，满堂宾客皆以之为贵人。究其缘由因华夏文明多以黄河流域为中
心，建筑坐北朝南，正面观之左东右西。以此参量天地，左为日出之阳，
右为日落之阴，所以左尊右卑便是顺应天序的体现。又如古人书写的上下
左右格式无不与此相关联，顺应天序便是承认先验，等级是外在表现，品
质则是内在意涵。

　　清末传统社会秩序崩塌，新的社会秩序正在建立和重构，重构的过程
便是再度确立品级秩序的过程。如今，我们大多数人都能享受到科技的便
利，追求高品质的生活也为必然和应然。高品质必然呈现高品级，人的内
在品质与外在品级相对应，便集中呈现普及美学传播的内容特征。

第四章　普及美学传播的实践效果

　　传统儒家"重功夫不重效验",无所为而为,注重根基培植,着眼于个人的长效成长;而西方实用主义影响下兴起的大众传播学,以信息的反馈和控制强调立竿见影的传播效果。很显然,当下普及美学传播实践不能完全舍弃西方的传播手段方法。我们秉承知行合一的认识实践理念,以固有的天赋本来美为本,将信息的控制和运用视作本来美成长传播的手段工具,达到本来美传播的效果。故而,普及美学传播的实践着眼于大众本来美的成长与光大,以本来美的成长激发呼唤出对品质提升需求的新动力,以兴趣和爱好的多样性、极致性呈显个人性情的多样性、独特性,本来美与需求在交错互动中推动着经济新增长,同时文化也将呈现多元竞放的繁荣局面,个人快乐满足感也得到更大程度的体现。

一、普及美学传播与品质升级

　　人的本来美成长所激发的需求是品质提升的原动力所在,需求广化、深化和细化引致品质的提升。

1. 需求是品质提升的原动力

人与动物都具备基本的自然欲求，我们称其为本能，集中表现为食欲、性欲、求生欲、追逐欲等，这些构成了整个社会发展的底层基础。需求是生命发展的原动力、生命存活的依据以及人类行为的逻辑起点，也是人类社会运行存续的根本动力。人类的行为无论如何表现，皆因需求引发。恩格斯在《家庭、私有制和国家的起源》中称物质生产和自身繁衍是影响历史发展的决定性因素。人类只有通过物质生产才能满足衣食住行等基本的生存活动，同时只有通过繁衍才能实现社会的延续发展。

中国古代称需求为人欲，"饮食、男女，人之大欲共焉者也"[①]。宋儒说的"存天理，灭人欲"与我们所称的自然欲求不同，"灭人欲"实际是去掉人为的部分，只留下天的部分。只是人为的与天理的如何区分？其实，明代王阳明的心学理论已经把该问题解决了，心即理，万物有心，若秉有良知，人欲即存天理。清代王夫之也强调天理与人欲不离："是礼虽纯为天理之节文，而必寓于人欲以见；虽居静而为感通之则，然因乎变合以章其用。唯然，故终不离人而别有天，终不离欲而别有理也。"[②] 天理寓于人欲不可分，因此人的合理欲求便是正当之举。而欲又表现为情动的表现。情为喜怒哀乐，又为"性之动"。《二程遗书》载："问：'喜怒出于性否？'曰：'固是。才有生识，便有性，有性便有情。无性安得情？'又问：'喜怒出于

<hr>

① 王夫之：《诗广传》，中华书局1964年版，第64页。
② 王夫之：《读四书大全说》，中华书局1975年版，第519页。

外，如何？'曰：'非出于外，感于外而发于中也。'"① 人欲望的产生虽与外部环境相依，却根植于性情根底，直接承续着发展的本来。每个人都有不同的天赋本来美，且处境各异，故而表现出的欲望也各呈差异。只是人若全为情欲驱动，自然游走无根；若是心有所本，任情驱动则护培其本。

西方现代学者曾基于本能的学说，将人类行为根据的不同目的进行分类，并把每一分类指向具体的行为动机，故而他们将人类行为归结为本能驱使的生命体。欲望便是器官官能的满足感体现。费尔巴哈认为，所有的本能都是追求幸福的本能，集中呈现为意愿满足感。"人类行为学认为行为的目的在于消除一定的不安，而本能心理学认为行动的目的在于满足本能的需要"② 。诸多支持本能说的学者相信他们已经证明人类行为并非由理智决定，而是基于内心深处无法用理性解释的本能所决定的。但是，仅仅依靠本能并不能进一步解释人类行为的根本问题，人类作为具有自主能动性的高级动物，除却最基本的自然需求外，还拥有意识的成长需求。人类能够驾驭本能、情感和冲动，能够使自己的行为合理化。现代心理学认为，人们的行为是受到情感的驱动影响而发生的。人们相信即使处在情绪化的状态下，方式与目的仍然需要考虑。情绪的浓烈寡淡关乎能量的大小，这也直接表现为需求的强弱。西方心理学多注重情志，即机体对外部环境刺激的情绪反应。普及美学传播则强调人本心基础上的外部体现，人正是拥有基本的情欲，才能呈现天性本来美。同时，人在本能的基础上能

---

① 程颢、程颐：《二程集》，王孝鱼点校，中华书局1981年版，第204页。
② [奥]路德维希·冯·米塞斯：《人类行为的经济学分析》（上），聂薇、裴艳丽译，广东经济出版社2010年版，第7页。

够控制自己的情欲需求，更有目标、有方向、有计划地践行自己的兴趣爱好，才能够更好地推进本来美的成长传播，提升内在品质。

2. 本来美的成长传播与需求升级

人的需求伴随本来美的成长传播而丰富细化。人类在满足基本的生存需求后，在发展过程中也随之呈现多元升级的趋势，这便集中表现为人内在品质的提升。

首先，普及美学传播过程中，人的品味呈现细腻多元化。人类满足最基本的果腹饱足后，逐渐发展拥有到美食之欲；人类性行为从最基础的繁衍之用，发展到追求心灵满足之感；人类从安身立命的生存需求，发展到新的快乐欲求。以古代面点演进为例，食材取用品类渐多，烹饪方法多样，细化之势明显，集中反映出人的需求细化和多元。商代以前，面食多以熬熟的谷物捣成粉末状的糗为主，口味单调。战国之时面点品种增多，仅谷物就有稻、麦、菽、稷、粟、麻、黍，面点品种丰富，调味料盐、蜜等常在面点制作中使用。汉代面点有饼、饵，"饼谓之饦，或谓之帐，或谓之馄。饵谓之糕，或谓之糍，或谓之饽，或谓之馎，或谓之飦"[1]，多样化发展趋势明显。东汉面点制作手法多样，技术更显精湛，崔寔《四民月令》中载有蒸饼、煮饼、水溲饼、酒溲饼等不一而足。魏晋时期束皙《饼赋》有"重罗之面，尘飞雪白"[2]的描绘，并载有面点十余种。《齐民要术》载有面点品种二十余种，并详载制作方法。隋唐时期面点制作兼融中外，风格

---

① 杨雄：《方言》，商务印书馆1936年版，第133页。
② 张溥：《汉魏六朝百三名家集·束广微集》，清光绪乙卯刻本。

多元。宋元时期全面发展，甚至诞生了早期的面点流派。明清时朝持续进阶，面点品种更加细化丰富，风味流派基本形成。苏州的蓑衣饼，杭州制作的金团，山东、陕西等地的薄饼，扬州等地的千层馒头，皆全国闻名。纵观历史面点饮食发展，从单调单一发展到洋洋大观，皆直接源于人们对饮食的多元化需求。而多元化需求则是生活品质提升的表现。人能持续享有品质生活与其本来美发展直接关联，更推进着生产的多元化。延续数千年的封建等级制度积习成病，一味尊奉礼制，显然阻滞了更多人本来美成长发展，这也必然将催逼出社会制度发生变化变革。五四以来，西方科学饮食烹饪方式的引入，给中国传统烹饪带来了新的发展机遇。人们经常借助量化的手段来完成烹饪。当人人都能借助这种手段完成，烹饪就渐渐失去了个性化特色。人若完全在程序化下生长发展，就会产生一个问题：个性化之美如何呈现？你的品味又如何能体现？因而，从这个意义上讲，科学手段所解决的是通用的标准化原理问题，终须要回归到人本身去解决，而本来美的传播也会给饮食烹饪的品质化、多样化奠定基础。

同样，普及美学传播过程中，人的品格越发卓显。人居于庶众之中才能呈现品格之高下。格，本义为木长之貌，树高枝长因而在众庶中脱颖而出。而树之高大不俗于众，首先是树本身天性使然，其次是滋养成长。这与人之本来美的发展异曲同工。天性本来美是基础，滋养成长便是后天的助力。唯有不同，才显品格。又因格曾有"感通"之义，如《尚书·说命》有"格于皇天"之语，故而格又与上天能发生联系。人生之初，本清纯无瑕，入世后于浸染中成长。发展的方向便是成长为自己的本来，呈显自身的性格、品格。又因品为庶众，品格便是芸芸庶众的发展映照。品格经常含有道德教化的意味，人规定的道德标准与本来美成长下的道德是两个不同概念。人的道德标准处处皆有不同，难能统一。在此状况下，追溯道德本源只能回归天赋本来美及其成长的原点。人之天性各有不同，本身并没有优劣之别，但是在发展成长过程中，却不免呈现相近趋同的现象。人最初的成长，学习是必要的，学习也仅是培护自性本来美的途径。成长的目的，恰是摆脱世俗道德的框矩，成就独具品性品格的自己，呈露自己的独有性情。王阳明说"人只要在性上用功，看得一性字分明，即万理灿然"①，就此而言秉持独有品格才能卓显自信。我与你是和而不同的，你是你，我是我。我与你是各具其美的，你有你的本来美，我有我的本来美。我与你能够对等交流，因我们的品质相等，自然在视野、眼光、格局上大致不差。

　　因此，普及美学传播导致品级提升是为必然现象。"物以类聚，人以群分"，因人与物有群类，故而才能呈显群体性差异，若将这种差异以制度化的形式进行规制，那么品级便成为外在的表征。人类内在欲望驱动着外在客观需求，由低到高升级，逐步追求高品质。因此，自古以来分高下、别贵贱便成为区别品级的重要手段。在中国古代传统社会的等级制度是为品级的集中表现，"王臣公，公臣大夫，大夫臣士，士臣皂，皂臣舆，舆臣隶，隶臣僚，僚臣仆，仆臣台。马有圉，牛有牧，以待百事"②，俨然一副君臣等级制度图景。所有诸侯、卿士、庶民都直接或间接供奉君

_____

① 王阳明：《王阳明全集》（一），陈恕编校，中国书店2014年版，第14页。
② 杨伯峻：《春秋左传注》，中华书局1990年版，第1284页。

主，上下尊卑等级有序。尤其是以秦代郡县制为基础建立的中央行政体制，朝廷及郡县间构成了金字塔式的文官等级权力结构，两千年来一直延续，"名分与职责严明，权利与义务相称，既不许逾越，也不得专擅"①。由先秦至清，历朝历代都制定了官吏等级秩序的法令制度，如《唐六典》分门别类列出品秩，并叙以职掌权限，"明下有司，着为恒式，使公私共守，贵贱遵行"②。但职务不是首要的，职务只是所管属的领域不同，品级是前提，先讲品级，再讲职务。中国古代官吏制度建立了与文官等级结构匹配的以品秩高低为代表的官吏阶梯。品秩将官与职分开，官阶表示地位高低，职务则关乎权责大小，由此可窥观中国古代社会官吏分层的品级秩序的内在特征。高品级需配备高品质需求，其背后便是个人本来美的成长传播。中国古代传统社会一直在做的就是划定品级尊卑，并通过制度性建构进行规限。

清亡以后，传统的社会制度崩塌，旧有的品级秩序已不复存在。五四以后，大众品质的提升面临新的机遇。大学之道，"在亲民"，中国共产党唤醒民众的质朴本来美，传播本来美，建立新中国。经过数十年的发展，社会需求更富多样化、多元化，当下我们都能有机会过上品质性生活。在个人天赋本来美成长的基础上，个人品质也随之相应升级，而体现个人品质的标准却是多元的。

---

① 葛承雍：《中国古代等级社会》，陕西人民出版社1992年版，第177页。
② 董诰：《全唐文》卷六二七《代郑相公请删定施行六典开元礼状》，嘉庆十九年武英殿刊本。

3. 品质与需求互动发展

品质与需求在互动发展过程中，伴随认知深化相行并进。事物在产生之初，必然不完善，人们正是对其不断认知的深化过程中日渐改进完善的，同时相应地带来品质的提升。

对品质的认识、深入及细化，会带来需求的细化、深入和爆发。对品质的认识、深化和细化长期而缓慢，"空林别墅，白石青松，惟此君最宜"①。人们在不断提升自身品位的过程中，也在逐渐找到与自己品性相符的需求之物。认知越深入，需求越高；认知越细化，需求越深入、精准。如古人对文字的追求品质要求极高，因"道心惟微"而不敢轻忽。历代传统学人无不以道统作为终极追求，著文立说，以藏之名山传于后世。人对文字的含义理解越深入，对文字原理掌握越纯熟，就越容易通过组织统筹完成对文章的撰述。学人深研训诂对此探究深细，方能写出不世雄文。从这个意义上讲，文字正是个人品质的集中呈现。汤显祖说："《牡丹亭记》要依我原本，其吕家改的，切不可从。虽是增减一二字以便俗唱，却与我原做的意趣大不同了。"② 文字带有鲜明的个人风格，这便是品质。唯有你才能写出富含品质的作品，作品能呈显你独有的内在品质。

天下大道殊途同归，对物性认知的深化、深入，才是品质化的需求体现。在需求之初，只是满足了人们最简单基本的需求功能。需求促进了

---

① 文震亨：《长物志校注》卷四《禽鱼·鹤》，陈植校注，江苏科学技术出版社1984年版，第121页。

② 汤显祖：《与宜伶罗章二》，《汤显祖诗文集》卷四十九，徐朔方笺校，上海古籍出版社1982年版，第1426页。

人类对品质的认知，对品质的认知和细化，也促进了对需求的深入认知。《论语·乡党》载："食不厌精，脍不厌细。"[1] 孔子对食物精细度、食物的颜色、食物的时令以及烹饪的数量都有严格的限定，有限定要求才显示出品质。但是，我们看到了孔子对食物的品质有明确指向性，即关乎对礼的遵循，由此才能追溯看清楚中国古代精英阶层需求认知进阶与深化的过程。后世文人对饮食讲究的例子也历历可数，如"杨升庵状元谪戍滇南，犹尚奢侈，其粳、糯、黍、稷、脯、鱐、殽、鲝种种罗于前，而筋不周品，此乃用学问之癖也"[2]。同样，以古代服饰穿戴为例，服饰要体现高贵，衣料的品质自然是基本保证。"礼不下庶人"，庶人的品级品质不够，难能养得起礼。古代社会上层与下层庶民之间的衣料质地大有区别。绫罗绸缎等质地精良的丝织品只有上层能穿用，而纱麻布绔等质地粗疏的织物则是平民百姓常穿用的。尽管民间也有僭越，但是总体而言是大致不变的。在中国古代传统社会，普及美学传播主要体现在精英阶层的品质性生活上，这显然阻滞了大多数人的发展。

　　清朝灭亡后，社会秩序开始重构。人民大众在中国共产党的领导下建立新中国，中国的经济由粗放式发展向集约式过渡，进而迈向高质量发展阶段，由大众化的需求发展到某一部分人的专属需求。当下人民大众也能有机会享受到品质化的生活。个性专属化意味认知升级，同时也意味着需求升级。基于人自身发展而引致的精准化品质提升，致使用户细分升级是必然趋势。人类在几千年的发展过程中，尤其是近代工业化以来，生产力

---

① 杨伯峻：《论语译注》，中华书局1980年版，第102—103页。
② 谢榛：《四溟诗话》卷三，《海山仙馆丛书》本。

极大提高，取得的成就超过了以往任何一个时代，产品数量极大丰富。人们正进入了认知升级和产品升级的时代，所有的努力提升会最终指向品质化提升。人们也亟须突破自身认知的局限，打造适合当下社会发展的经济模式。同时，基于人自身需求的变化和变革必然带来社会的观念的冲突及变迁。人类需求的升级，催使人类自身个体与整个社会之间发生紧密联系，并为了满足自身需求而与社会展开生产、分配、交换和消费等活动，进而由个体的经济行为发展成为整个社会的普遍经济现象。而需求的多样化和高端化，势必导致交易的复杂化。整个社会经济交易行为的发生，主要体现在对双方价值的互相认同上，冲突也正是建立在对价值认同的差异上。因此，人类需求的多样性催生出社会变革，这正是社会发展的必然。

二、普及美学传播的经济效果

普及美学传播学体现在经济实践中便是快乐经济学的盛行，人追求快乐驱动需求，在多样化的生活方式下，构建出新的经济发展模式。

1. 快乐经济发展模式的盛行

快乐经济学倡导用一种新型的生活方式驱动经济发展。经济学研究的核心在于人，而非在于物。快乐经济并非仅仅指向人类最基本的生存欲求，而是提倡更高的精神欲求。精神欲求的满足更能呈现快乐的持久性。我们承认个人的内在品质与其所用所需之物大致呼应对等的一致性，或者说一个独具品质的人一般也会享有与之品质相类的外物。故而，个人内在品质的升级必然激发高品质需求。普及美学传播学以个人本来美的成长来驱动个人品质升级，由于内在品质的提高而引致对产品需求的升级。在个人需求方面，当下新一代在更大程度上摆脱了基本需要的匮乏，也渐趋冲破了光耀门楣的发展束缚，也非将仕宦路途作为实现自我价值的主要目标，更多是基于个人兴趣爱好的需要，尽管缺乏对生活经历的认知体悟，却呼唤出一种更富多元的个性生活方式。

在此基础之上，快乐经济学根植于人类本真的发扬光大而提出来便有了广阔的实践基础。因能玩而投入，最终找到自己所好而呈露性情。因有爱好、兴趣，才引致个人对事物进行精研深探，由此获得了快乐感和满足感。"快乐是人类行为的终极目的和行为动机的真正本质。"[①] 历史证明，凡是历史上的伟大创造，无一不是基于个人天赋基础上的兴趣爱好而成就的，因此才能够见证出异于常人的经济能量。

在中国古代传统社会秩序下，唯有社会上层才有更多机会接触高端的艺术之美，才能有体味到无上的艺术享受。这是古代社会秩序下的品质化美学呈现，与人的内在品质息息关联，绝非仅凭有钱就能完全体会到的快乐。基于东方美学富于品质性内涵，与西方美学情感认知概念的不同。二者在对经济发展的驱动上所呈现的方式有异。基于西方美学所倡导的经济行为表现，因人对外物的刺激反应而激发消费欲望，这显然体现出西方传播学的控制性特征。当下我们所处的社会环境，唯有社会上层才有机会享

---

① 陈惠雄：《经济社会发展与国民幸福》，浙江大学出版社2008年版，第11页。

受高品质生活的状况已不复存在，但是接续东方儒学式的"美好生活主义"却成为应然。在经济发展初期，在信息并不发达或物资并不十分充裕的时代，依靠刺激性消费的发展模式是有必要的，效果也格外明显。当下物品已极大丰富，互联网时代的商品信息也已透明，在更大程度上满足了人们的数量性消费需求。若人们仅仅因为便宜而不是实际需要而购买，那么所导致的结果永远是平庸、低级与浪费，也必然会造成大量资源的内耗甚至外在生态环境的恶化。人们在消费过程中所体现的快乐满足感也大多会归于失望。所以，我们与其说是倡导快乐经济发展模式，毋宁说是在倡导一种新的生活方式。从这个意义上讲，是个人不同生活方式的发展导致了快乐经济发展模式的盛行，而不是经济发展模式的改变直接导致个人不同生活方式。

个人生活方式的不同基于个人兴趣、爱好的不同，追逐快乐满足感方式的不同，根本上在于个人天赋本来美的不同。而本来美的成长传播就是快乐经济发展的直接驱动力所在。在新型经济发展模式的盛行下，我们可以预见的是经济发展状态是更加细化多元化的，且各异其趣的。

2. 经济发展的高质量与多样化

在互联网商业模式下，绝大多数商品都能通过网络渠道实现销售，当下的消费也多通过促销手段来实现，以图实现消费规模和数量上的增长。但仅仅通过外在手段是远远不够的。当下中国已经步入高质量发展时代，国家也高度重视社会经济高质量发展，普及美学的提出正是推进社会经济高质量发展的重要抓手。学者们多关注对政府与市场关系梳理、生产侧的高质量提升、产业技术升级等宏观、中观层面的问题探讨。但是，社会发展都是由需求驱动，高质量的需求在源头上从何而来，学者们对此并没有深究。社会经济高质量发展下创新活力的主要来源，既包括国家层面制度性改革释放的需求，也包括个人的品质提升所释放的新需求。个人本来美成长与传播恰恰是社会经济高质量发展的重要课题。

普及美学传播必然导致需求发展的专属化的盛行，由此呈现经济面貌的改变。我们承认个人普及美学传播是呼唤式的，个人基于所处的环境，基于对自我本性的认知和与外物的呼应，引致了个人本来美的成长以及个人品质的升级。我们都认同你有你的兴趣爱好、我有我的兴趣爱好，个人需求深入引发的需求必然会导致专属化，或者说是按需定制。普及美学传播过程中专属化需求越多，必然导致个性化需求丰富多样。专属化便是品质化的外在呈现。如果将个性专属化推行到大众化便出现了大众品牌化，这是新技术应用下大多数人能有机会享受到的品质化生活。对于品牌的认同，最终要回归内在品质。我们经常看到某一种的品牌消退，正是因为这个品牌的品质与人的品质需求不再洽配。从这个意义上讲，驱动经济高质量发展的有效途径便是提升人的内在品质。

可见，普及美学传播将引致经济发展模式的创新。在个性专属化程度愈发深化扩展后，给我们呈现的是一种品质内生性的经济驱动方式。就此而言，经济发展终究要回归人的发展，经济发展模式创新在基础上是基于个人对兴趣爱好的持续投入。人的爱好最为奢贵，守住自己的爱好而保守自己的情性才能为创新提供真正的动力。普及美学传播是花粉蔓延的，基于人心所向而传播无拘。

低品质易于流行，而高品质因隔绝而能持久。我们追求专属、定制、品牌，就是追求一种隔绝。因众人兴趣、爱好的多样性、广泛性，进而催逼出对外物认知的细化、深化，由细化、多元化的需求导致了经济发展的多元化面貌。互联网连接，外部措施的配备，个人需要与企业发展得到了更大限度的满足。相似相关的人互相连接集聚，形成了新的经济产业集群。这是一种新型的圈层经济，与我们当下所言及的互联网主播带货的圈层经济不同。互联网只是手段，新的圈层经济是基于个人品质性的升级而出现。因个人天赋不同，研究深浅有别，品质发展高低不一，导致了产业发展层级样态交错。但是，在个人兴趣爱好的指引下，个人本来美的品质也在提升，进而驱动着经济产业结构的变化。当多数人因品质升级而钟情于专属定制时，必然引发低端大众化消费需求的消弭，也就完成了产业的升级替代。不同产业间，因人的不同需求而能够交错感通，便催生出新的发展需求动能，完成产业升级。

这种基于本来美的传播，人的品质化升级，所采取的内驱外放式的经济发展模式，显然迥异于传统刺激式的单一经济发展模式。专属多元化的经济发展模式也为绿色经济注入活力，杜绝了旧有模式浪费的同时，也呼唤出经济发展的更多可能性，也将会生发可持续性发展的动能。新一代后浪青年的兴趣爱好广泛多元，代表着社会未来的发展方向，也预示着未来社会发展的更多可能性。在此，我们也可以预见的是，基于普及美学传播驱动下的经济发展，将展现一种新的经济伦理秩序，自然可以预见一套新型的配备性制度出现。

三、普及美学传播的文化效果

普及美学传播倡导个人本来美，必然导致文化发展的多元竞放格局，在此基础上，在文化发展中，就应该发挥人内在品质提升下的文化引领性作用。

1. 多元竞放的文化发展格局

关于文化，学者常常引用英国人类学者爱德华·泰勒《原始文化》的定义："文化，或文明，就其广泛的民族学意义来说，是包括全部的知识、信仰、艺术、道德、法律、风俗以及作为社会成员的人所掌握和接受的任何其他的才能和习惯的复合体。"[①] 追溯其语源，culture 来自拉丁语 cultura，意为"耕种""培育""陶冶"，多与农业相关联。实际上，我们追溯文化产生的源头，人类知识、信仰、艺术等的产生，无一不与多神教信仰产生联系。而早期游牧与农耕、渔猎的界限有时并不明显，无论早期闪族人还是早期印欧人，农业在其发展过程中地位卓著。我们都认同，人因对高于自身至高力量有敬畏而有了信仰，并确立了自身的发展位置。若再度往前追溯，人类自从诞生起，就开启了对世界的探索认知。认知的过程也是对美渐趋深入感知的过程，同样也是文化形成发展的过程。人与动物一旦分野，二者之间就有了实质性的区别。动物生存主要依靠强大的本能，而人的本能却远远逊于动物，但是人所具有的自主能动性，便为人类发展开拓了巨大的发展空间。这也是人与动物的本质性差别之一，其次便是语

---

① ［英］爱德华·泰勒：《原始文化》，连树声译，上海文艺出版社1992年版，第1页。

言的使用。只有人类才能真正使用语言。人类发展的过程便是语言建构的过程。人的语言发展是人类思维的外在表现。人类有语言、有思维，便逐渐形成自身的文化传统。"人猿相揖别"，语言的诞生发展即为见证。这也是学者常常称言自从人类诞生就有了文化的原因。由此，人对万物之美的认知，就可以用语言来描绘展现。朱光潜曾言，"美是客观方面某些事物、性质和形态适合主观方面意识形态，可以交融在一起而成为一个完整形象的那种性质"①。美之为美，本为客观之美，初呈于天然。人对美的认知，即为见证。无论主观符合客观，还是客观符合主观，而美本身总是客观的存在。人所认知的美，便是人自身发展、文化发展的一种具体表现。

从远古旧石器时代进入距今1万年前的新石器时代，人类文明的曙光也乍现。中国走进了玉石文明时代。玉乃美石，文呈于玉上，巫觋借之来沟通神天，掌握有神天的秘密，故而巫成为王以后掌管天下，需教行于上，化成于下，这便是中国文化的起源与发展的过程。

普及美学传播，倡导个人本来美的发展传播，正是基于个人兴趣爱好上的多样文化发展。《周易》载："刚柔交错，天文也；文明以止，人文也。观乎天文，以察时变，观乎人文，以化成天下。"《说苑·指武》载："圣人之治天下也，先文德而后武力。凡武之兴为不服也。文化不改，然后加诛。夫下愚不移，纯德之所不能化而后武力加焉。"以文化育，在古代传统社会文化实际上是一种自上而下的道统秩序。由于统治阶级掌握着美学的制高点，因此就形成了自上而下的教化传统。但是在古代士大夫阶层

①　朱光潜：《朱光潜美学文集》第3卷，上海文艺出版社1983年版，第71—72页。

中，在个人本来美发展基础上的文化呈现也是多元的。因人人所含具的本来美不同，个人的兴趣不同，故而呈现出文化风格差异。在此方面诗的艺术表现突出，严羽《沧浪诗话》载："诗者，吟咏情性也。盛唐诗人惟在兴趣，羚羊挂角，无迹可求。故其妙处莹彻玲珑，不可凑泊，如空中之音，相中之色，水中之月，镜中之象，言有尽而意无穷。"[①] 诗有别材，实际是指"诗材的独特个性"[②]，以此体现诗人的个性风貌，也呈现出了不同的文化风格。

从这个意义上讲，人的文化关乎性情。在本质上文承于天，古代人秉文来化人多是"教行于上，则化成于下"[③]，最终是人承天以化人。老子称，"我无为而民自化"[④]，这显然又回到中国古代传统社会天人秩序上，天至高至善，人的文化才有了基础和充裕的实施空间。只是社会发展愈往后，文化多依凭制度实施，并囿于人的道德观念，人愈加被框矩起来，文化便流于僵化境地。

清朝灭亡后尤其是五四以来，传统社会秩序崩塌，人民大众自具本来美已经在革命胜利中得以印证。同样，我们认同汉字是中国文化的基础，那么在白话文流行的时代，文字建构了我们的世界，文化则更多呈现出一种生活方式。显然，人要保守自己的独有性情，其实是提倡一种自己的生活方式。这多是基于个人本来美传播的品质性升级呈现。在当下品质化的

---

① 严羽：《沧浪诗话》，见何文焕：《历代诗话》，中华书局1981年版，第688页。
② 王运熙、顾易生：《中国文学批评通史》第4卷，上海古籍出版社2011年版，第381页。
③ 许慎、段玉裁：《说文解字注》，凤凰出版社2015年版，第674页。
④ 《老子》，卫广来译注，三晋出版社2008年版，第69页。

艺术生活不再成为少数人的专享，生活方式也富于多元化，如此才能体现真正意义上的文化繁荣。

2. 本来美在文化发展中起引领作用

文化从本源上讲，最初正是基于人秉持对天的敬畏而实现自我本来美的发展。在古代社会文化是有门槛的，是基于人自身本来美发展而呈现的状态。当下社会经济发展步入高质量发展阶段，必然要求与之相匹配的高质量文化。外部力量的刺激，难能有效推进文化的繁荣发展。个人如能秉持自身的本来美成长传播，珍爱自我，进而驱动着文化呈现多元竞放的发展局面，"百花齐放，百家争鸣"才是真正的文化繁荣。

本来美的成长传播必然引致个人品质的提升。在以人为本的指导方针下，个人的作用呈现便是在文化发展过程中的引领性作用。人的发展问题始终是社会发展的中心议题，文化发展则是以人为中心发展观的具体呈现。内部本来美驱动经济发展方式的转变是文化发展模式的根本性转变。在传统发展观念中，经济是推动社会发展的基础性力量，历来各国都格外强调经济在社会发展中的重要性，由此多采取注重外部举措来刺激拉动经济。在此发展模式下，人类社会在广度上得到了极大程度拓展，如远如西方近代以来的地理大发现，帝国主义在全球范围内的殖民扩张都是其集中表现。20世纪末以后互联网的迅速崛起，并拓展到社会生活各个层面，满足了人们商品的便捷需求。但是，人们借助外部手段的同时，反而相对忽视了自身的发展。这便从以经济作为主导力量推动社会发展，进入了以文化作为推动经济发展的主导性力量阶段。文化发展的核心要素是人。最初，文化是作为人的基本需要理论的补充和拓展而提出。传统观念认为，经济发展常常以物为中心，而社会发展则坚持以人为中心。实际上，没有人的发展便没有整个社会发展，更没有未来经济的高质量发展。在社会生产力并不发达的时代，人首先应满足吃穿住用行、教育、文化等基本需求，才能获得其他权利。这既需要国家在外部力量的政策性配备，同时也需要个人本来美的成长传播。虽然人类社会发展一度呈现曲折上升的态势，但是人类自身能力毕竟相对有限，因而社会文化发展也并非无限度。就个人而言，"尽性"恰恰乃个人发展的目标所在。即个人秉持自己的本来美发展传播，依循自己的兴趣爱好，并培养自身的本来美，进而驱动社会文化的发展。文化发展是需要滋养的，需要以昂贵的财力物力来滋养。因保守能滋养性情，因滋养才能充分呈露，人将文呈于万物中以化人，由此一种新的生活方式产生，这便是文化的意涵。这是个人品质的提升下本来美在文化中的引领体现。正如中国古代传统社会曾孕育辉煌灿烂的精英文化，正是基于亿万普通民众的供养才得以呈现的结果。如今中国社会迈入高质量发展阶段，在文化发展上正是需要以个人本来美的成长传播为基础，来驱动文化发展的多样化繁荣。未来文化产业在经济发展中的地位将会更加凸显。

由此，因本来美成长传播也在文化发展过程中呈现创造力、竞争力和生产力。纵观世界历史的发展，世界强国大国的形成，无一不是在美学上占据了制高点。而普及美学传播作为中国迈向高质量发展的社会文化发展的重要力量，其所呈现的结果恰恰是美在文化发展中创造力、竞争力和生产力的生长、唤醒和花粉式蔓延传播。

四、普及美学传播的社会效果

普及美学传播指向个人本来美的成长传播，倡导建立一种个体发展与社会发展和谐共生关系。在个人发展维度，普及美学传播光大着个人本来美，以品质人的观念指导个人发展，倡导的是一种明德向上的社会观。邱伟杰称，因社会中个人品质交错对比，个人能对个体的品质性有所认知。普及美学传播倡导在人与人之间建立一种和而不同的、相互尊重个性的关系。在传统的社会交往观念中，我们常常以一种征服控制或洗脑的方式来解决人与人之间的问题，这正是西方传播观念的具体呈现。相反，普及美学传播倡导的社会交往观念，是基于个人内在品质基础上的尊重，同时这也是处理个人之间关系的重要原则。个人与个人之间因有相等的品质而相互吸引，因有相类的兴趣爱好而自发交往，也会形成一种新型的社会关系。个人愿为各自的兴趣爱好而提升自身品质，由此激发出对他人应有的尊重。

普及美学传播在个人与组织中倡导以个人的兴趣爱好融入有志同道合的组织中，个人与组织间不是纯然的利益关系，而是快乐成长的关系。这与西方单纯以利益关系的组织关系全然不同。我们因性情相投，有相同的兴趣、爱好才能够聚到一起玩，同时我们也因聚到一起能享受到不同的快乐。邱伟杰称，民众以"从利到义复归天道伦理"为规矩，以"本来美的全然、天然玩圈文化"为聚合模式，形成"去迷幻式异化"的"品质生活"和生命态度目标[①]。

---

① 邱伟杰：《普及美学原理》，四川文艺出版社2019年版，第185页。

　　普及美学传播也是提升国家软实力的重要手段。20世纪90年代，美国约瑟夫·奈提出了软实力的概念，认同软实力即国家的文化力量的观点。文化软实力集中体现了一个国家基于文化而具有的凝聚力、生命力及由此产生的吸引力和影响力。国家软实力的提升，在根本上需要普及美学传播促进大众个体健全发展，使个体在品质上升级提升。普及美学传播下的个人本来美的成长将是国家软实力提升的基础。由个人本来美的成长鲜明体现在政治、经济、文化等各个方面。文化的繁荣和多样性尤其是软实力体现，驱动着中国的话语体系的形成。国家新话语体系的构建，也是在建构一种美学话语体系。普及美学传播倡导构建本土化的美学传播体系。中国当下的传播理论多借鉴西方，西方传播学发展的底层逻辑决定了其发展路向与中国不同。普及美学传播的发展恰恰在于从底层逻辑上给中国话语体系的构建铺就了一条道路。值得一提的是，新中国成立以来中国的社会经济已经取得了前所未有的进步，尤其是新世纪以来，计算机网络技术的广泛运用，数字经济崛起，互联网已经在社会生活中居于基础性地位，且已在诸多领域弯道超车居世界前列。西方生活方式、思想观念等也在被持续颠覆，在"网络空间已经形成"的大势下，我们充分借助技术手段，基于本来美的成长传播将能加快助推中国美学传播话语体系的建构。

第五章　普及美学传播发展的学科基础

普及美学传播学的建立立足于中国固有的美学与传播学发展路径上，而汉字作为中国独有的文字在诸学科的发展过程中起到了基础性作用。梳理中国汉字的出现发展历程，窥观文与语之间的关系，也势必要求汉语的改革。另外，心理学是传播学建立发展的重要基础，那么中国本土化心理学与西方心理学的不同，也同样要求本土化的心理学科重建，这都是摆在学人面前的重要任务。

一、普及美学传播发展的语言学基础

人类诞生后就有了语言。考古发现，目前最早的人科成员为非洲的南方古猿。1994 年，美国学者怀特等人公布了在埃塞俄比亚中阿瓦什地区的阿拉米斯地点发现的人科成员化石，距今 440 万年。2000 年后，他们又在同一地区发现了距今 580 万—520 万年的原始人科化石 [1]。中国最早出

---

[1]　王幼平：《中国远古人类文化的源流》，科学出版社2005年版，第36页。

现的早期人类目前难以确定，不过在早期更新世早期已经有早期人类开始
生活。迄今为止，已报道发现的早期人类化石地点有云南元谋上那蚌、重
庆巫山大庙龙骨坡、湖北建始高坪龙骨洞、郧县曲远河口与陕西蓝田公王
岭。除此之外，尚有山西芮城西侯度、安徽繁昌人字洞、河北阳原泥河湾
盆地等发现的古人类文化遗存。[①] 这些远古人类遗址，发掘出土的文化遗
存多以就地取材的石制品为主。从距今 78 万年至 12.8 万年的更新世中期，
中国境内的早期人类及文化趋于繁荣。受昆仑—黄河构造运动导致亚洲季
风环流变化，人类生存环境发生了巨大改变，北方地区发现的有周口店北
京猿人遗址、辽宁大石桥金牛山、本溪庙后山、内蒙古呼和浩特东郊大窑
四道沟、蓝田陈家窝子、沂源骑子鞍山等，南方地区有贵州观音洞、岩灰
洞、盘县大洞等。语言的发展促成了人类的共同体形成，但是语言受时间
与空间的限制，话一说出随即消逝，考古学的研究只能证明人类诞生，至
于人类语言诞生于何时，目前尚无定论。不过可以肯定的是原始人类能够
通过语言进行沟通。仅靠语言难以满足人类生活需要。众口相传的结绳记
事、刻木和符号等，在民族性资料中多是巫师在祭祀、巫术活动的记事方
式。如鄂伦春族萨满手中巫棒上缺口的数量就代表神的数量。[②] 对于群体
人类活动中需记录之事，多属重大之事方能被铭记传承，如关乎生死、誓
约。人类视作珍稀之物无不做大事之用，而文字发明也应当作如是观。

　　起源于西亚的两河流域的原始居民被称为闪米特人或闪族人，他们以
两河流域为基点迁徙扩散，随之与各地原驻居民混融，或渔猎，或游牧，

---

① 王幼平：《中国远古人类文化的源流》，科学出版社2005年版，第8页。
② 宋兆麟：《中国风俗通史·原始社会卷》，上海文艺出版社2001年版，第485页。

或农耕，呈现出不同生活方式。在新石器时代，原始闪米特部落逐渐强盛，人口渐多，并向外迁徙。早期农业（包括耕种、养殖和畜牧）传播作为显著表征，大致显示出闪米特人在欧洲的迁徙足迹。在陆路方面，公元前 8500 年至公元前 6500 年，闪族人从两河流域发端折向西北穿越黑海海峡，进入巴尔干半岛，公元前 6000 年顺沿多瑙河的克洛斯文化，于公元前 5400 年传到莱茵河地区。其间，部分闪族人于公元前 7000 年经海陆进入爱琴海克里特岛，并以古希腊为中转站，于公元前 5800 年传到科西嘉岛。由此分两条路线扩散，北线与陆路路线在莱茵河地区汇合，并于公元前 4000 年到达不列颠群岛；南线到达伊比利亚半岛。[①] 其中，考古证据表明，克里特岛深受安纳托利亚、黎凡特、埃及、利比亚等地区的影响，且希腊与克里特岛的农业都在公元前 7000 年经由安纳托利亚地区传来。[②]

公元前 4000 年，在两河流域壮大的闪米特人，在苏美尔人北部发展壮盛。苏美尔人以农业为主，说苏美尔语，或为欧贝德人，或为外来民族，说法不一。[③] 苏美尔人创建了人类历史上最早的城市文明，并发明了楔形语言符号。闪米特人萨尔贡一世（约公元前 2371 年—公元前 2316 年）在带领闪族阿卡德人征战的过程中征服了苏美尔人，闪米特人也逐渐由游牧百姓变为农耕百姓，走向定居。苏美尔人失去政权后，苏美尔语也逐渐被阿卡德语替代。但是，苏美尔的楔形符号语言尚在长期应用，闪米特族

①　[澳]彼得·贝尔伍德：《最早的农人：农业社会的起源》，陈洪波等译，上海古籍出版社 2020 年版，第 89—91 页。
②　[英]马丁·贝尔纳：《黑色雅典娜：古典文明的亚非之根》，郝田虎等译，南京大学出版社 2020 年版，第 102 页。
③　于殿利：《巴比伦与亚述文明》，北京师范大学出版社 2013 年版，第 11 页。

借用苏美尔人的楔形语言符号书写闪米特语，闪米特语第一次形成了语言符号。游牧者没有管理定居社区事务和政府事务的经验，现在他们开始向苏美尔人学习，日历、数学系统、度量衡和行政管理方式皆在学习之列。[①]其后，闪族阿摩利人到达两河流域，建立古巴比伦王国，将两河流域的文明推向鼎盛。此时，闪米特族中的迦南人进入腓尼基和巴勒斯坦。

早期的闪米特人，还经由陆路由阿拉伯半岛进入埃及。考古证据表明，公元前 2000 年左右埃及已经出现闪米特人书写的西奈语言符号。西奈语言符号正是在埃及象形语言符号的基础上发展起来的，表明闪族人又借用了埃及语言符号。公元前 1000 年，腓尼基人在西奈语言符号的基础上改进，发明了腓尼基字母。公元前 800 年，希腊人在袭用腓尼基字母表的基础上改进，发明了希腊字母。随后有埃特鲁斯坎字母以及公元前 7 世纪的拉丁字母出现。现代西方使用的字母文字正是在拉丁字母的基础上发展起来的。

纵观闪米特人迁徙流布的过程，可见闪米特人一直在以自己的语言为基础，不断借用诸文明的语言符号为其所用。现代人曾根据闪米特人诸分支呈现的共同语言特征来确定其民族，语言的背后是人。人迁徙流处各地后，语言与当地语言融合，呈现复杂的地域性特征。但是，语音是变化的，因人而异的。自新石器时代以来，闪米特人逐步迁徙分散于亚欧非大陆，并以口语为基础，以使用字母符号的方式寻找着语言的确定性。从这个角度上讲，西方语言是具有内在共通性的，主要是含有口语的内在发展

---

① ［美］J. H. 布雷斯特德：《地中海的衰落》，马丽娟译，中国友谊出版社2015年版，第127—128页。

逻辑的。张广天称，拼读语言以音素为基础，记音符对应音素，构成书写。记音符则成为材料工具。西方早期各地语言符号各不相同，显示出与中国同文音异的不同发展路径。

因中国古代原始文化是一种萨满文化，于是萨满巫觋就成为沟通人神之间的媒介，天神预兆，人之祈愿，被契刻在玉石上。万物有灵，鸟兽虫鱼皆被赋予特殊意义。玉器是为人与神灵之间交互的见证。状刻神物，或有云纹、雷电纹、吉祥纹，或呈龙、呈凤，不一而足。人按照神的样子雕刻在玉器上的错画，以形呈象便是最初的文字。[①] 形，《说文解字》载"在地成形"，《周易》称"从彡，有文可见，故从彡"，故而形便是文的外在表现。文是天地秩序的呈现。人以玉器的图案为信，以期获得天地鬼神赋予的力量。至于"字"，滋生之意，六义相生无穷，文以类相丛就产生出字，字是由文生出来的。后来文字的载体多样，或为陶器、青铜或为甲骨不一。如山西临汾襄汾陶寺遗址（与史书相对应的大致时间为尧舜时期）曾出土一件残破的陶制扁壶，上有朱书文字。而与陶器文字一并出土的文物则有玉器、铜铃、骨镞、彩绘陶器等。由此可见，汉字在本质上是人与天之间沟通交互的产物。窥观中西早期语言文字之别，西方的楔形语言符号主要刻于泥版上，主要为呈形与记数。

天垂象于地，人摹象于地成形，错画成文，滋生成字。文字是人为对天地的敬畏。人法地，地法天。人与天地沟通，象即为天对人的启示。因文字发明，进而见证出人存在的意义。文字的背后是人的力量，意味着人

---

① 张广天：《玉孤志》，四川文艺出版社2019年版，第194页。

主体力量的整体觉醒，自此人的本来美开始花粉式传播。但是，人的力量是在承认天地至高秩序下确立的，文字是以人为中心的天地秩序的见证。

"夏之政忠。忠之敝，小人以野，故殷人承之以敬。敬之敝，小人以鬼，故周人承之以文。文之敝，小人以僿，故救僿莫若以忠。"① 郑玄曰："忠，质厚也。野，少礼节也。""小人以鬼"，郑玄曰"多威仪，如事鬼神"，可窥殷商时代的事鬼神的政事特点为"敬"。牟宗三曾经解释说："在敬之中，我们的主体并未投注到上帝那里去，我们所做的不是自我否定，而是自我肯定。仿佛在敬的过程中，天命、天道愈往下贯，我们的主体愈得肯定。"② 而事鬼神的方式之一便为占卜。

占卜在原始社会已存在，是为萨满通神的重要特征，通过在人与天地鬼神之间的沟通来预测吉凶福祸。据考古资料显示，占卜所用的甲骨分布在今天的河南、山东、江苏、安徽、湖北、四川、陕西、山西、辽宁、吉林、内蒙古、甘肃、宁夏、青海、北京、天津等省市自治区。从新石器时代开始，在夏商时代最为鼎盛。鬼灵的观念早已有之，因龟长寿，故能知吉凶。而龟作为四灵，又是日常常见之物，所以称为首选。西周作为商王朝的西土藩属，在灭商之前就已使用汉字。灭商之后，西周则全面承续了商代文字，同时伴随分封制的扩大，汉字也远播四方。在考古发掘上陕西、河南地区是重点，山西、河北、辽宁、北京、内蒙古、宁夏、甘肃、四川、湖北、湖南、江西、安徽甚至福建等地都发现了西周文字。西周时期的文字除却常见的铸造金文之外，还有陶文、玉石文字、甲骨文字、印

---

① 司马迁：《史记·高祖本纪》，中华书局2006年版，第83页。

② 牟宗三：《中国哲学的特质》，上海古籍出版社1997年版，第16页。

章文字等。因当时周王为天下之共主，周王室需对大小宗主国分封、管理，故而促使了汉字向整齐规范的方向发展。在西周中晚期"宣王中兴"时，"宣王太史作大篆十五篇"①，宣王太史也在后世被称为"太史籀"，这些文字整理成果也一度为秦所继承②。西周末年，周幽王时，为犬戎所乱，西周灭亡，平王东迁，是为东周。周王室日衰，宗法制名存实亡。"诸侯力政，不统于王。恶礼乐之害己，而皆去其典籍。分为七国，田畴异亩，车涂异轨，律令异法，衣冠异制，言语异声，文字异形。"③周晓陆研究指出，东周各国文字尽管呈现各具特色的状态，但主要分晋系文字、燕系文字、齐系文字、吴越系文字、楚系文字、巴蜀文字以及秦文字等七大系统，它们"基本上还是属于汉字的古文字系统的，大致上是统一的，基本上都可以辨识，只是字体的字形、偏旁、笔画增减之类存在着变化，增加了辨识的困难而已"④。六国文字宗周是显著特点。王国维认为，无论是六国古文还是秦籀文，虽前后有远近，但皆出于殷周古文。⑤由此可证，在中国古代的前后时间轴上，中国文字自新石器时代发端至秦汉时代，一直沿有一个相同的系统发展而未曾中断。天垂象成文，文脉流传赓续，中国也因文字而统一在一起，这才是中国一体发展蕴含的内在秘密。我们既然承认汉字是借形表义的文字系统，那么汉字历经秦汉、魏晋、隋唐、宋元、明清，直到今天，汉字的字形结构总体未变，说明根植于其内在的思

---

① 班固：《汉书·艺文志》，中华书局1999年版，第1362页。
② 周晓陆等：《秦文字研究》，西北大学出版社2021年版，第125页。
③ 许慎：《说文解字·序》，清陈昌治刻本。
④ 周晓陆等：《秦文字研究》，西北大学出版社2021年版，第128—148页。
⑤ 王国维：《观堂集林》，河北教育出版社2001年版，第187页。

维逻辑未变。从这个意义上讲，中国人之所以是中国人，而非西方人，恰是因为文字，追溯其本源是精神上的，绝非局限在具体的生活方式上。

中国古代的文字系统自新石器时代出现以来，就一直为萨满为代表的贵族阶层所掌握，并在持续发展中形成了一套规范。"君子之有文，以言道也。以言志也。道者，天之道；志者，己之志也。上以奉天而不违，下以尽己而不失，则其视文也莫有重焉。"① 文字承接天意的特征，在夏商周时期更是突出。一如殷商时期每事问卜，万事万物的命运都蕴含体现在卜辞中，人又该如何应对？这便是充分注重人之主体性的表现。天所框限的界限已然存在，传播的天意已存，人在文字的寓意中寻找出路，只不过这种寻找也是在承认人自身天赋本来美的前提下找到应及和能及的位格。

古人称，"言以足志，文以足言"，直言能充分表达志愿，文字能完整表达出说话。"言之无文，行而不远"，文字才是根本。在古代汉语言中，语只是视为文的补充。文字学、训诂学、音韵学是中国古代语言学的核心内容，统称作小学，也就是我们今天所称的语文学。宋代晁公武称："文字之学凡有三：其一体制，谓点画有横纵曲直之殊；其二训诂，谓称谓有古今雅俗之异；其三音韵，谓呼吸有清浊高下之不同。"这与西方字母语言以语为核心的语音学、语汇学、语法学明显不同。中国的汉语言中，文字学居于首位，西方语言学中有限数量的字母符号难能使文字学占据重要地位，由此可见中西方语言符号的本质性区别。文的思维是意象思维，以文来指向天。人尽己之性，借助文字来呼应，在成长中呈露性情，便是普

---

① 王夫之：《读通鉴论》卷十二，舒士彦点校，中华书局2013年版，第306页。

及美学传播的表现。在古代，文字的秘密掌握于社会上层，在当时社会秩序下以文言来表达表现，学问显有贵重，其核心的秘密就在于内在的品质美。在古代，大众通行的白话文，突出特点是晓畅易懂，但是文的思维一直延续。

晚清社会变革，为普及美学传播发展带来了新的机遇。清末白话文运动与新文化运动期间的白话文运动具有本质上的不同，其后知识分子推崇的大众语运动归于失败，而中国共产党倡导语言"大众化"，激发了广大民众的本来美，并传播光大本来美。同时，在语言改革运动中，白话文的发展也面临新的挑战。之前中国现代意义上的语言学是在 20 世纪发展起来的，之前中国的汉语言文字与西方拼音语言符号并非没有交融，如季羡林指出"随佛教而来的梵文就是其中最重要的。但是，我们从佛教接受的主要是义理，在语言方面，我们只在语音和词汇上受到了一些梵文的影响，对整体汉语的研究这种影响并不大"[1]。1898 年，马建忠《马氏文通》出版，是为中国第一部语法著作，汉语研究进入新阶段。该书系统论述了古汉语语法，确立了完整的语法体系。马氏撰述该书，主要基于看到西方诸国童子入学能循序而进，未及成年便能观书习文，轻易掌握语言，为后期精深学习诸学做足了充裕准备。于是，他认为"华文之点画结构，视西学之切音虽难，而华文之字法句法，视西文之部分类别，且可以先后倒置以达其意度波澜者则易"[2]，于是参酌西文规矩而成汉语语法。尽管马建忠冀图借

---

①　徐通锵：《语言论——语义型语言的结构原理和研究方法》，东北师范大学出版社1997年版，第1页。

②　马建忠：《马氏文通》，商务印书馆1998年版，第13页。

鉴西方文字以求明理，但是其《马氏文通》却只是在形式上借鉴学习西方拼读语言的法则。1924年，黎锦熙出版《新著国语文法》，为第一部白话文语法书。该书与《马氏文通》如出一辙，皆为模仿西方语法之作。

追溯中西方语言的本质性差异，张广天指出，中国汉字历来是以义为中心，借助字形进而规定读音。因汉字的本质是象，人在地摹象成形，所以易于认读，尽管文同音异，却丝毫不受影响。西方拼读语言在呈现过程中，其背后是数的思维或材料思维，在人的流布播迁途中通过借用字母符号完成改进，因此也就出现了中国历来多有文法书，而西方多有语法书的区别。中国文言文自先秦到清末流行几千余年，已形成了一套相对固定的文法、格式，可以说文言文才是蕴含中国语言的精华所在。只因中国数余年来，广为精英阶层使用，且精英阶层毕尽其才华研琢，才有了文言文精华毕现的局面。在清末，中国知识分子深受西方影响，白话文方便开启民智，故而争得一席之地。但是，旧的文字秩序被打破后，人人皆可使用白话文，失去了规矩限定，实际上为文不是简单容易。章太炎声称："今通行之白话中，鄙语固多，古语亦不少，以十分分之，常语占其五，鄙语、古语复各占其半。古书中不常用之字，反存于白话，此事边方为多，而通都大邑，亦非全无古语。""要之，白话中藏古语甚多，如小学不通，白话如何能好？"章太炎认为，作白话文要比做文言难，"须定统系，命格律，识字有过于昌黎者，才能写得正，否则动笔皆错""须有颜氏之推祖孙之学，方可信笔作白话文。余自揣小学之功，尚未及颜氏祖孙，故不敢贸然为之，今有人误读'为稀为裕'作'为希为谷'，而悍然敢提倡白话文者，盖亦忘其颜之厚矣"①。可见，即便如章太炎学问之大，尚且认为做白话文难，何况常人？章太炎遇到的难题是如何处理语与文之间的关系问题。他自幼深受文言熏陶，自然对文言文谙熟，并敏锐地意识到，文言文的撰写历经数千年，其长期形成的严格格式、规限是有章法可循的。中国古代读书人自幼多以小学入手，深得文言旨趣，由此渐窥文言门径。实际言之，文言素养是滋养出来的。因有滋养，而渐分等级和品级，这便是人本身品质的集中表现。加之中国古代传统社会选官制度笔试的推行，文言更是为官晋升之必需。中国古代文言与口语分离的现象一直存在，相应以制度化的形式加以限定，整个社会呈现"尊卑有序"的格局。

　　而清末科举制度废除，清朝灭亡后天人隔绝，文学革命、白话文运动兴起，学人知识分子无不探寻新的出路。在波澜汹涌的狂潮下，知识分子纷纷批判文言文，并倡导白话文。白话文自然无现成的规矩可循，仅就章太炎而言，他并不认为传统文言与白话文相互隔绝，不能完全摒弃文言，而是应该接续传统从内部发展。由此，他曾作出《留学的目的和方法》《中国文化的根源和近代学术的发达》《常识与教育》《教育的根本要从自国自心发出来》《论诸子大大概》等白话文章，以示"降尊纡贵"宣传革命思想，保存国故菁华，普及平民教育。②于常人而言，则信手白话文成滥，直接套用西方语法。自19世纪末期至20世纪30年代末期，中国的语言学研究主要套用西方拉丁文、英文等文法语法，以马建忠、黎锦熙等为代表达数十年之久。至20世纪30年代末期至40年代末期，以王力、吕叔

---

　　① 张昭军：《章太炎讲国学》，东方出版社2007年版，第136—138页。
　　② 章炳麟：《章太炎的白话文》，辽宁教育出版社2003年版，前言说明。

湘、丁声树、张志公等为代表大力引进西方国家的语言理论，20世纪50年代则一边倒学习苏联。改革开放以后，以吕叔湘、朱德熙、张志公、胡裕树、张斌等为代表在接受外国理论的同时，又在积极探求新路。[①]学者徐通锵认为，汉语改革常以西方语言理论为基础把汉语结合进去，是以印欧语的眼光来观察汉语的结构，犯了方向性失误。我们应该立足于汉语的"字"结构基点，实现与西方语言理论的结合。[②]语言的表达首要是准确，最终是音的准确与义的准确结合。若再度回归汉字以义为中心借助字形进而规定读音的本质特征，达到三者的准确结合，便是张广天先生所提出的"音形义三位一体"的未来发展目标方向。

如果我们认同生活在语言所建构的世界中，那么对白话文的努力创新，更是旨在通过语言来构建一种新的秩序。以本来美为基础，我们自然也相信会有一种新的语文体出现，以呈现品质的高下，这是一条基于当下语文现状通向本来的路径，其所建构的不仅仅是普及美学传播学的基础，更是中国所有本土化学科发展的基础。

二、普及美学传播发展的心理学基础

心理学是传播学发展的重要基础，二者在本源问题的关注上呈现一致

---

① 参见邢福义：《汉语语法学》，东北师范大学出版社1996年版，序言第3页。
② 徐通锵：《语言论——语义型语言的结构原理和研究方法》，东北师范大学出版社1997年版，第11页。

性，只是关注的侧重点不同。传播学关注的是以人为中心的传播现象，而心理学则注重人内在的心灵活动。在19世纪西方科学心理学出现之前，心理学研究在19世纪中叶以前主要体现为哲学心理学，"在古代和中世纪的研究对象为灵魂（soul），17世纪至19世纪以前主要为心灵（mind）"①。在古代和中世纪神本主义发展阶段，心理学研究的问题主要体现在人的灵魂与上帝沟通上；文艺复兴之后人本主义发展阶段研究的心理学问题，主要体现在人的心灵与上帝沟通上。自笛卡儿开始西方近代心理哲学径分两路：一是以英国为代表的经验主义的发展路径，认为经验是一切知识的基础，以霍布斯、洛克、贝克莱、休谟为代表，并且催生了孔德实证主义的发展；二是理性主义的发展路径，理性主义者认为仅靠我们的心理经验并不能探知真理，还需要逻辑、推理、分析、辩论等过程，以斯宾诺莎、莱布尼茨、康德、黑格尔等为代表。二者之间的核心区别在于前者的心灵属于被动的，而后者的心灵属于主动的。因这两条路径西方现代心理学发展出构造主义和机能主义两大系统。构造主义系统主要包括美国的构造心理学、完形心理学、行为主义、新精神分析、日内瓦学派、人本主义心理学和认知心理学等学派；而机能主义主要包括意动心理学、美国机能心理学、行为心理学、古典精神分析等学派。② 由此西方现代社会也在文艺传播现象上呈现洋洋大观。

现代心理学发展的一大特点就是科学主义的兴起，尽管近代以来西方自然科学取得了长足的进步，但是由于心理活动是主观的而难以呈现自然

---

① 车文博：《西方心理学史》，浙江教育出版社1998年版，第4页。
② 车文博：《西方心理学史》，浙江教育出版社1998年版，第168页。

科学的确定属性，如想成为一门学科则需其他学科手段的支持。19世纪30年代，生理学成为独立科学后，在感觉生理和神经生理方面为心理学的独立提供了必要条件。19世纪60年代，心理物理学的成果为实验心理学的出现奠定了基础。将实验研究方法运用到心理学研究上是现代科学心理学诞生的重要节点，以冯特实验心理学的出现为标志，心理学的研究方法也从哲学思辨、经验描述走向了科学实验。因此，就传播学而言，19世纪古典主义哲学臻于巅峰前，传播学与心理学在共同关注的核心问题上混融在一起，心理学在人的认知层面上为传播学提供了支撑性解释，实验心理学出现后又为传播学提供了实证性解释。自冯特开始心理学研究分两条路径：一是自然科学的研究传统，这类研究逐渐发展成为传统科学心理学研究的主流，如铁钦纳秉承冯特的实验科学主义，在美国形成了构造主义学派；二是人文主义的研究传统，如布伦塔诺采用思辨哲学和逻辑推理的方法来研究意向性，他冀图解决的仍是认识驱动的本源性问题，这是黑格尔之后思辨哲学继续推进的结果，其后胡塞尔延其脉络发展出现象学。布伦塔诺的机能主义心理学主要是追溯意动本源问题，冯特研究的是意识内容且其实验方法极具实操性，同时预示着由个体研究向群体应用研究的方向转变。其后，美国机能主义心理学的兴起，在哲学思路上秉承了德国机能主义心理学，将思辨逻辑研究与实验研究方法相融合，在突出心理功用的同时，视心理为生物适应环境的机能，呈现目的性、有用性和适应性的特点。这便是以詹姆斯、杜威等学者为典型代表的实用主义哲学的典型特征。如果说构造主义心理学解决的心理—意识"是什么"的问题，那么机能主义心理学解决的是心理—意识"为什么"的问题，由此心理学同人类的政治、经济、文化、教育实际相联系，呈现广泛的社会应用性。以此观之，心理学与社会生活结合，才导致了传播学研究与各个学科的交叉融合。

西方传播学的先驱人物无论拉斯韦尔、卢因还是霍夫兰，其研究都与心理学的研究关联密切。拉斯韦尔承续了弗洛伊德的精神分析，通过精神病理来分析世界政要，指出历史上诸多杰出领袖在精神或生理上都有反常现象，这可能导致政治上的危险。为此，拉斯韦尔提出依靠受过精神病学训练的社会科学家来指导和教育群众，能够消除折磨人灵魂的各种紧张，需采取必要的政治预防手段。后来，拉斯韦尔提出的 5W 模式便是直指传播效果的，以求通过对传播的五个要素进行控制，通过外部手段达到预期的传播效果。可见在传播学科未曾建立前，将心理学作为分析社会发展的基础性动因早就见诸大观。而弗洛伊德的精神分析，其实质在于对人意动本质的探讨，承认潜意识是其精神分析的基本命题，性本能则是精神分析的核心内容。在弗洛伊德前，人们对自身精神现象的理解，多专注于理性和有意识的心理活动。在心理学视域中，心理与意识大致类似，无意识的心理活动被排除在外。弗洛伊德基于对精神病患者的治疗中发现混乱的无意识表现，将之与正常的意识活动相联系，进而提出了无意识理论。这种从人的本身出发探求本源的路径，在黑格尔之后自尼采、叔本华已初现端倪。弗洛伊德在"自我""本我""超我"的人格理论中曾引用尼采的"伊底"（Id）概念来说明本我："伊底当然不知道价值、善恶和道德。与唯乐原则有密切关系的经济的或数量的因素支配了它的各种历程。它所有唯一的内容，据我们的观点看来，就是力求发泄的本能冲动。"① 而叔本华将黑格尔的理性视为意志的表现，将对人类认识世界的原点问题思考引致人自身，由此促进了近代心理哲学的大发展。同时，布伦塔诺的机能主义心理学对弗洛伊德精神分析也产生了影响，而弗洛伊德的心理暗示在大众传播学的应用中颇为广泛。

传播学先驱卢因早期研究格式塔心理学，即完形心理学，宣称心理现象在意识经验中呈现结构性或整体性，并强调整体大于部分之和。格式塔心理学的诞生有两个哲学背景，其一是基于康德的哲学思想，康德将客观世界分为现象与物自体，人类只能认识现象而不能认识物自体，而对现象的认识必须借助人的先验范畴。格式塔心理学将其引入先验范畴，认为人的心理对材料赋予形式并对其组织。其二，胡塞尔现象学的观察方法对格式塔心理学影响巨大，即观察者须摆脱一切预设，对观察到的内容如实描述使观察对象的本质得以呈现。而胡塞尔的现象学的主要思想来源便是布伦塔诺的心理学思想。因人的直觉能够把握对象的本质，由此才能提出具体的操作步骤，这对格式塔心理学在研究方法上提供了指导。马赫以及怀特海的哲学观念对格式塔心理学也有一定影响。1929 年，卢因赴美国后，兴趣主要集中于群体对个体行为的影响，即群体观点在很大程度上决定了个人所接受的信息意义，同时卢因对心理现象采取向量的分析，心理学研究便有了量化的参照标准。我们看到，无论是康德还是胡塞尔都是在追溯

---

① ［德］弗洛伊德：《精神分析引论新编》，高觉敷译，商务印书馆1987年版，第52页。

和解决人类认识的本源性问题，卢因之前的完形心理学也偏重个体行为的知觉研究，心理学研究一旦转向社会科学领域研究之后则不再追溯心理或意识的本源问题，而是倾向于应用效果的研究，于是便与传播学研究名异实同了。

传播学先驱霍夫兰的心理学研究主要专注于说服理论，其传播研究集中于人从信息中学习，将传播过程、说服态度诸变量依类量化。在二战期间，霍夫兰主要利用实验设计来确定军队鼓舞士气影片的效果，用结构严密的定量实验以确定影片对二战态度的影响，这实际上是对心理暗示过程的效果检验。此外，霍夫兰按照信源、信息、信道、信宿的分析模式，以实验的方法对说服效果研究案例成为传播学史上的突出理论贡献。其研究是特定场景下人为操控的单向传播实验，实际上借用了新行为主义心理学研究方法，既注重内在意识的研究又有对外部行为的分析，从这个意义上讲传播学所研究基本问题与之相类。

总之，现代以来作为传播内在基础的心理学也愈发呈现细化分化发展之势：一方面它继续在认知的本源问题上追溯，如布伦塔诺的意动分析、弗洛伊德的精神分析等，持续挖掘着人的潜意识本能；另一方面心理学研究则呈现外拓之势，格外注重意识与外部的关系，尤其是实验研究方法的运用使传播效果极具可控性。心理学研究对象范围的扩大，同时也是对其核心研究内容的削弱。尽管传播学当下呈现以"传播效果的定量研究为特色"[1]，且多采用大数据的研究方法，但是其传播主体仍然是人，而对人心

---

① ［美］罗杰斯：《传播学史：一种传记式的方法》，殷晓蓉译，上海译文出版社2001年版，第185页。

理活动的分析则成为关键。检视西方心理学的发展，文艺复兴以前心理学关注的是灵魂与上帝的沟通问题，17世纪至19世纪关注的是心灵与上帝的关系问题，19世纪以后科学心理学兴起后关注的是意识本源问题，并注重意识与影响意识的外部因素。可见在西方心理学发展观念中，灵魂、心灵与最高序令多呈现分离状态，这显然与中国传统的思想观念有异。19世纪科学心理学出现后，意识与社会各要素之间的关系成为研究重点，心理学关注的其实是我们常言及的情志与外部环境之间的关系问题，由此也开拓了整个社会研究的广阔空间。同样，这反映在传播观念上也是异曲同工。

　　中国传播观念中的心理与西方具有本质性不同，鲜明体现在儒释道三家学说上。三家学说都将心灵问题视为最重要的哲学问题。[①]因普及美学传播学秉承自性本来美的思想观念，古代心性不分，讲心实际上是在讲性。性自具，实际上是本来美自具。中国在新石器时代多神教时期，关乎神天的信仰已多有论述。踏入一神教时代，天为唯一最高真神，中国逐渐形成了君王供奉天、百官供奉君王、百姓供奉百官的天下秩序，在古代延承继续。就儒家学说而言，孔子虽不直接言心，却以心贯之，称"仁者爱人"，爱从心，《说文解字》释为惠，心专谨严为惠，可见仁绝非无限度爱人，恰是有矩度。孔子又称"克己复礼为仁"，礼为天矩，非为人轨，其本质是品质。礼养人欲，成其本来美，便是顺乎天，获得仁爱。孟子秉承孔子思想，其观点、重点不是解释仁是什么，而是注重为仁的方法，强

---

　　① 蒙培元：《儒、佛、道的境界说及其异同》，《世界宗教研究》1996年第2期。

调人与动物的根本所在是在于有恻隐之心、羞恶之心、辞让之心、是非之心，由心发端才有恻隐、仁义、辞让、是非，“仁义礼智，非由外铄我也，我固有之也”[①]。孟子强调以人为主体，在孔子的“仁是什么”的基础上进一步演化出心产生的“仁义礼制”，认为人的追求是尽心、知性、知天，称“尽其心者，知其性也。知其性，则知天矣”[②]，以实现天人贯通。孟子所言的心其实是性，是自具的本来美，这便是在普及美学传播学本体论基础上的心理学的初步建立。董仲舒将天人感应的思想与大一统国家相联系，人君能感应天对人的启示。其最大的成就便是初设了天人合一的国家理论框架，但是他却说“栣众恶于内，弗使得发于外者，心也”[③]，把心局限为单纯的内心活动。宋明理学家都在天人关系上做出了努力。程朱理学在心性关系称，程颐称“在天为命，在人为性，论其所主为心”[④]，朱熹则称“心者，人之知觉，主于身而应事物者也”[⑤]。程朱认为心性贯通，程颐认为“性之本谓之命，性之自然者谓之天，自性之有形者谓之心，自性之动者谓之情。凡此数者皆一也”[⑥]，这只不过是一个事物的多种面向，也是在言说性，言说本来美。朱熹称，“心性固只一理，然自有合而言处，又有析而言处。须知其所以析，又知其所以合，乃可。然谓性便是心，则不

① 《孟子·告子上》，王常则译注，三晋出版社2008年版，第129页。

② 《孟子·尽心上》，王常则译注，三晋出版社2008年版，第152页。

③ 董仲舒：《董仲舒集》，袁长江等校注，学苑出版社2003年版，第229页。

④ 程颢、程颐：《二程集》，王孝鱼点校，中华书局1981年版，第204页。

⑤ 朱熹：《朱子全书》（第23册），上海古籍出版社，安徽教育出版社2002年版，第2660页。

⑥ 程颢、程颐：《二程集》，王孝鱼点校，中华书局1981年版，第318页。

可；谓心便是性，亦不可"①。朱熹认为心便是性，万物有理，而理在性外，于是程朱于外物中求理。程朱所未能解决的是性与理的关系问题。而陆九渊、王阳明则以本心为主旨，仍是在解决性与理的关系。陆九渊称："人皆有是心，心皆具是理，心即理。"② 王阳明称："心之体，性也，性即理也。故有孝亲之心，即有孝之理；无效亲之心，即无孝之理矣。有忠君之心，即有忠之理；无忠君之心，即无忠之理矣。理岂外于吾心邪？"③ 只是王阳明的心依然为性，但是心无处不在，理才无所不具。"经，常道也。其在于天，谓之命；其赋于人，谓之性。其主于身，谓之心。心也，性也，命也，一也。"④ 因本来美先已存在，人有天赋本来美，故而能呼唤出对天赋本来美的成长。

儒家、道家都在讲一个天，故而儒道能贯通。"上德无为而无以为"⑤，人有常德便是回归本来，"常德不离，复归于婴儿"⑥。人如何归于常德？老子强调"虚心"，人顺乎心的引领和呼唤而能得其福祉。庄子强调游心，"夫乘物以游心，托不得已以养中，至矣！"⑦ 便是以本来美为基础乘物游心。人有志向心愿，"若一志，无听之以耳而听之以心"⑧，听从心的呼唤便是以本来美为基础成长。佛家的思想主旨为成佛，佛乃觉性，自本性成

---

① 朱熹：《朱子全书》（第23册），上海古籍出版社，安徽教育出版社2002年版，第3180页。
② 陆九渊：《陆九渊集》，中华书局1980年版，第149页。
③ 王阳明：《王阳明全集》（一），陈恕编校，中国书店2014年版，第39页。
④ 王阳明：《王阳明全集》（一），陈恕编校，中国书店2014年版，第211页。
⑤ 《老子》，卫广来译注，三晋出版社2008年版，第45页。
⑥ 《老子》，卫广来译注，三晋出版社2008年版，第35页。
⑦ 《庄子·人间世》，《诸子集成》本。
⑧ 《庄子·人间世》，《诸子集成》本。

佛。只是各门派成佛路径上有所不同。禅宗以前是外修路径，至禅宗佛心自求成其巅峰。《金刚经》称"应无所住，而生其心"，佛心为本，即自本性为基础。禅宗惠能法师认同一切万法不离自性，最终悟道成佛。

儒释道三家都强调自性本来美，在美学本源上是一致的，这也是宋代以后儒释道能归一的内在缘由，最终王阳明集其大成。纵观中西传播学的心理学基础，脱离不开对中西方天地秩序下的思想观念分析。中国本土心理学的心主要是在讲性，而西方心理学主要在讲情志。性又与天命直接关联。从这个意义上讲，对普及美学传播学的深入研究必将呼唤出对中国本土心理学的理论建构。

结语与思考

　　普及美学主要为以人为研究对象的诸学科提供了本体性的发展依据，普及美学传播学则是以人的自性本美为基础进行传播，是以人为本的传播。那么，其中潜存的疑问是，在距今 500 万年人类诞生以前，是否存在传播现象？答案是肯定的。传播是至高序令对世间万物的传播，只因人的出现而意义不凡，虽然其演化路途漫远。人类从诞生到距今 1 万前，历时几百万年才进化成如我们今天的模样。近 1 万年以来，人类本身在生物学意义上的演化进阶微乎其微。1 万年比于 500 万年，如惊鸿一瞥；人的一生，百年之期，更是倏忽即逝。故而，追求永恒与超越，将此生换作永生，便是其不变的追求。

　　人类初入多神信仰的文明阶段，意味有觉醒，且能意识到高于自身力量的存在。考古发现，东亚玉器的形制关乎神天的信仰。从多神教到一神教，天人秩序从混乱归于有序，天人观念由多元相对趋于一元绝对。天作为唯一的绝对存在，成为统摄天下万物的根本矩则。天下的一切，都在相对多元中演变。就此而言，人的发展只有高低之分，并无先后之别。最高的限度是天，人能无限度地靠近天，却无法企及等同。《中庸》称："唯天下至诚，为能尽其性。能尽其性，则能尽人之性；能尽人之性，则能尽物之性；能尽物之性，则可以赞天地之化育；可以赞天地之化育，则可以与天地参矣。"儒家其实在讲天地人的顺承秩序。那么，人因何而能尽性？本源上是因为自性承天，人有志愿执己为器奉天而尽己之性。自性因承于天而故显本美。人的天性禀赋各异，本美也各显不同。从这个意义上讲，普及美学传播便是在传扬光大人的天性之美，以此为基础实现个人的全面发展。

人之所以为人，与动物的关键性区别在于主体能动性。造物主让人类失去了超越动物的生存本能，却赋予了其生死框矩内的充裕自由创造空间。时间与空间，因人的诞生、存在才显得有特殊意义。人在特定的历史时空中，以自性本美为基础，见证着传播事实无处不在且先在永在。人的发展难以脱离其生存生活的社会环境，在其有限的时空内，也见证出心灵的无限。人尽其性，归其位，施于物，奉于神，显其品质，这便是高下的呈现。古今中外，概莫能外，只是传播呈现的方式有别。

对人的研究是传播学研究的中心议题，也是人类社会诞生以后所需直面的第一要题。既然天对世间万物的传播永续存在，那么在"天地之性人为贵"的观念下，人的成长发展就是传播的体现。同时，因天下万物客观之美的存续，人也在对客观万物的情感认知、品鉴中塑造出自身的成长。人基于自性本美磨砺生辉，撷采诸物，或实践，或思想，以己身呼应万物万象。万物造化，万象呈美，人的自性本美的成长传播就体现在以人为中心的万物品质上。从古至今美一直是人类成长发展的基础。至高至美的客观存在，我们凭一管之见便能窥观领悟天工伟力，进而靠近回归美本身。

人之自性本美各有不同，但历史时空是相对稳定的，以固有本美呼应洽配的诸物就在社会中高低交错，形质不一，映照呼唤出人对至美的追摹。

从绝对到相对是如此，从本源到路径上观察也不外乎如是。人之自性本美各异，是成长发展的基础，以此实现个人的成长发展的路径也需多元。在特定的历史时空下，依循自身的兴趣、爱好精研深探，将卓显自身品质。当下社会相较于之前愈加多元开放，为个体发展提供了充裕的机遇和空间，个体也能在自性本美的基础上率性成长。我们常将内在品质与单纯的功利性行为相关联，低品质多易于流行，高品质才凸现个性。物的品质，在实质上都是指向人的品质。一时代有一时代的气象，社会整体性的个体本来美呈现也会有不同景观。既然美是客观存在的，本来美的传播也将如花粉般蔓延传播无拘。总之，人类的发展在本源上都是在追求美，以人自性本美为基础传播，并指向永恒。

以普及美学的学科理论为基础，在本源上探寻中国传播学的本土化发展路径，是建构中国特色、中国气派、中国风格的社会科学的积极探索。众所周知，当代中国传播学的学科体系、理论方法，主要是自晚清民国以来，尤其是改革开放以后从西方持续引入的。而西方传播学的出现直接得益于西方现代媒体行业的繁荣，西方传播学通过对现象性的实在进行主导或控制，以获取立竿见影的传播效果。传播学的学科发展基础是社会学、心理学、政治学等，其应用也日益广泛。西方现代学科的大发展得益于文艺复兴以来人们对自身力量的发现及其可能性的探索。尤其是中世纪以来自然科学的兴起，人以感性方式拓展着认知边界，进而引致了近代学科研究的细化、广化和变革。数学、物理学等实验实证学科的方法也被纷纷引入社会科学中。此时西方的学术，由中世纪及以前关注本体性问题转向了对现象性问题的探索。在中世纪时，经院哲学家奥古斯丁和阿奎那将古希腊哲学与基督教思想融合，在信仰领域为传播学开辟了新路。古希腊思想尤其是柏拉图的思想对后世影响颇深，其理念论对世界的分割，反映出人神交互下的传播观念。亚里士多德提出形而上学，以与柏拉图相反的研究路径通向神。无论是柏拉图还是亚里士多德，都承认宇宙是神的理性设计。如果再往前追溯，毕达哥拉斯学派将数作为世界本源，德谟克利特则将原子作为世界的本源，早期西方学者一直在追溯世界的本源问题。他们多对世界进行分割、切分，这种思想文化一度影响着人们的传播观念。思维观念并不直接解决具体问题，它反映总体上的思维问题。古希腊传播观念中，我们难能忽视的便是神的存在。当然，再度往前追溯我们可以看到多神教时代早期闪米特人和印欧人的精神世界。人神之间的沟通交互多以祭祀、启示的方式进行，人间事务多在神意见证下推进。直到基督教的兴起，从此多神教走向一神教。这便是西方传播观念演进的总体脉络。

西方近代以前的传播观念中，人与神之间的沟通一直都在延续，只是沟通方式有异。中世纪西方主要通过教会与上帝进行沟通。近代马丁·路德推行宗教改革，"因信称义"，个人可以直接与上帝进行交互。但是，在西方理性主义的传统下，人秉持理性的观念冀图达到对本源问题的追溯，从西方近代的笛卡儿到康德到黑格尔接续前行。现代以来，人们不再专注于与神沟通问题，同时也秉持科学实证主义的发展观念改造着现实世界，并专注于人类本身的传播。因此，大众传播学学科的创设便在情理之中。

中国自"五四"以来的传播学研究主要是学习西方，传播实践也主要是在西方传播思想的逻辑路径下展开的。其实，中国传播学的发展自有其发展路径。追溯中国固有的传播观念，自新石器时代的多神教到三皇五帝时的"绝地天通"、对众神进行管理，人神之间的沟通一直未曾断绝。中国步入一神教时代的时间比西方更早，这也明显表现出中西方美学观念、传播观念的不同走向。在三皇五帝的颛顼时代，"绝地天通"的意义就是规顺人神秩序。当下中国人自称"炎黄子孙"，从普及美学传播学的角度看，正是基于中国正统的天人秩序的确立。天人之间的关系便成为纵贯中国古代传统社会最根本的问题，这也是中国本土传播观念需关注的核心问题。夏商周时期，古人通过占卜等方式获取上天的神意启示，以做出应对。中国古代传统社会的主流学派儒道两家思想中，其核心问题也是在谈论天人之间的关系。他们都认为好的社会秩序在于理顺天人关系，实现天人合一。他们都承认，天的运行并不以人的意志为转移。天意撒播于万物中，这便是传播事实存在的客观性。那么，个人能做什么？其所能做的便是尽己之性，以本来美为基础，在当时的天人秩序下找到自身发展的位格。中国历代思想家都在思考、理顺天人之间的关系，并提出本来美的发展路径。孔子、老子、孟子、司马迁、董仲舒、柳宗元、惠能、张载、二程、朱熹、王阳明……这恰恰是中国普及美学传播演进的思想脉络。

普及美学传播秩序的形成是历史的，也是事实的。因为个人天性有异，能力有别，故而在社会现实中呈现高低不同的发展样貌。在新石器时代，巫觋便是能力突出者，巫能通神，集中呈现为萨满文化。萨满教认为万物有灵，东北亚地区以玉作为媒介，沟通人神。而巫后来也逐渐演变为王。王与最高序令的天进行沟通也成为理所当然。而王担负天命则需具备至高的德，这便是本来美的成长，因此于皇帝而言不是放任，而是需慎修己德，以获得掌管天下的能力。无论是禅让制还是世袭制下的王位继承，都是时代背景下个人天赋本来美的集中呈现。君王如此，对个人也应作如是观。君王统治天下需设定制度，通过察举制、九品中正制、科举制等选材与能，保障天下的有序管理。君君、臣臣、父父、子子，各归其位便是理想秩序。以秩序的设定来顺应天。秩序是品质差别的外在体现。因人难能脱离所处的社会环境，故而人在社会秩序中的本来美成长便是普及美学传播的具体呈现。从总体上讲，传播都是自性美的体现。每个时代都有其发展主题和发展风貌，而个人的本来美传播则集中呈现时代风貌。

普及美学传播学是针对中国问题提出的。众所周知，晚清以来中国面临百年未有之大变局，西方列强入侵，知识分子纷纷为救亡图存而奋斗。从"师夷长技以制夷"在技术层面上学习西方，接续在制度上学习西方以及在思想文化上学习西方，故而延续中国古代的社会秩序也在渐续发生改变。首先维系中国古代社会阶层晋升的重要通道——科举制度被废除；随之是清朝灭亡，延续上千年的封建制度被推翻，皇帝与天沟通的秩序不存在了，天人隔绝；紧接着便是"五四"新文化运动兴起，倡导白话文，致使知识分子在维系传统社会秩序过程中的精英基础动摇了。因此，自民国时期所涌现出这一大批既曾经受过中国传统文化熏陶，又接受西方思想的学者。当时知识分子化大众的情怀没有变，一度以为通过推行自上而下的教化方式能够实现救国民强之路，这些教育实践活动都归于失败。而中国共产党虚心向群众学习，坚持"从群众中来，到群众中去"的革命路线，呼唤出民众的质朴本来美，并带领亿万民众取得了抗日战争和解放战争的胜利，最终建立了新中国。

在新中国成立初期，中国掀起全面向苏联学习的热潮，经济领域和文化领域明显留有苏联印迹。改革开放以后，我们坚持中国特色社会主义发展道路，逐步推行社会主义市场经济，激发需求，释放出前所未有的活力，产品极大丰富，在数量上满足了人们的物质需求。同时，互联网技术的运用，有效实现了信息流通，中国加速步入高质量发展时代。从大的方面看，未来中国社会如何践行高质量发展，高质量发展的动力源泉何在，这才是亟须解决的问题所在，也正是普及美学传播学关注的重点。邱伟杰先生快乐经济学为经济发展提供新模式，普及美学传播在各个领域也给未来社会发展带来了新愿景。

社会发展最终要回归人发展本身。人又该如何发展？很显然，我们不能再度回到中国古代传统社会走复古之路，也不能完全照搬西方的发展模式，而迫在眉睫的是需要走自己的道路。因中西方美学发展路径截然不同，故而应当接续中国固有的美学发展传统，以人为本，以美为旨归，走普及美学美品发展之路，以品味、品级、品格呈显品质化，呈现个人的本来美。个人本来美的发展，正是基于个人天赋基础的兴趣爱好的集中体现。人一生中爱好最为奢贵。尽管人有本来美，但是人的本来美尚需成长滋养。个人本来美成长传播的过程也是普及美学发展传播的过程。而高质量发展所面临的正是品质升级传播，即品味、品级、品格的提升下集群式扩散传续。从这个意义上讲，中国正面临以本来美为基础的、内在品质发展的新一轮升级。

天地化育而生万物，万物呈万性。在传播学中经常讲"万物为媒"，意指万物皆可传播信息。只是学人多将其视为大众信息传播的媒介。人之力量毕竟有限，科技只是手段，信息也仅为表象。我们秉承中国传统，万物是天地的媒介，这便需放宽学术视界，回归自性本美，以新的视野与方法来探究传播学发展的新路径。普及美学传播学的研究方法，并不限于当下政治、经济、文化、天文、物理、心理、数学等学科的现有研究范式，也不限于量化与质化以及听觉的、可视化的分析模式，更不限于舞蹈的、美术的、游戏的、戏剧的、影视的、体育的方式方法的使用。同样以普及美学传播学为基础，也将引发我们对其他相关学科本土化的研究和思考，这恰是本书的意义所在。尽管中西方有异，不同地域环境下的传播特点呈现有别，但是普及美学传播研究应该回归人本身，注重人与人之间的本来美差异。既然我们认同"万物为媒"，个人本来美的成长传播也将呈现于万物中。万物万性，万物存理，其间的奥秘唯在于我们的追寻，这也预示着普及美学传播研究未来发展的广阔空间。

参考文献

一、古籍文献

[1]　[汉]董仲舒:《董仲舒集》,袁长江等校注,学苑出版社2003年版。

[2]　[汉]荀悦:《申鉴》,龚祖培校点,辽宁教育出版社2001年版。

[3]　[明]冯梦龙:《情史》,岳麓书社1986年版。

[4]　[明]计成:《园冶注释》,陈植注释,中国建设工业出版社2017年版。

[5]　[明]李贽:《焚书·续焚书》,张建业译注,岳麓书社1990年版。

[6]　[明]汤显祖:《汤显祖诗文集》,徐朔方笺校,上海古籍出版社1982年版。

[7]　[明]屠隆:《鸿苞节录》,清刊本。

[8]　[明]王阳明:《王阳明全集》,陈恕编校,中国书店2014年版。

[9]　[明]文震亨:《长物志校注》,陈植校注,江苏科学技术出版社

1984 年版。

　　[10]　[明]文征明:《甫田集》,杜晓冬点校,西泠印社出版社 2012 年版。

　　[11]　[明]谢榛:《四溟诗话》,《海山仙馆丛书》本。

　　[12]　[明]袁宏道:《袁宏道集笺校》,钱伯城笺校,上海古籍出版社 1981 年版。

　　[13]　[明]张岱:《陶庵梦忆》,栾保群校注,江苏凤凰文艺出版社 2019 年版。

　　[14]　[南北朝]刘徽:《九章算术注》,上海古籍出版社 1990 年版。

　　[15]　[南朝·梁]刘勰:《文心雕龙译注》,陆侃如、牟世金译注,齐鲁书社 1995 年版。

　　[16]　[清]戴震:《孟子字义疏证》,何文光整理,中华书局 1962 年版。

　　[17]　[清]董诰:《全唐文》,嘉庆十九年武英殿刊本。

　　[18]　[清]顾炎武、[清]黄汝成:《日知录集释》,岳麓书社 1994 年版。

　　[19]　[清]何文焕:《历代诗话》,中华书局 1981 年版。

　　[20]　[清]黄宗羲:《明儒学案》,沈芝盈点校,中华书局 2008 年版。

　　[21]　[清]黄遵宪:《日本国志》,上海古籍出版社 2001 年版。

　　[22]　[清]李渔:《闲情偶寄》,中国戏剧出版社 2009 年版。

　　[23]　[清]王夫之:《读通鉴论》,舒士彦点校,中华书局 2013 年版。

［24］ ［清］严可均:《全上古三代六朝文》,中华书局 1958 年版。

［25］ ［宋］程颢、［宋］程颐:《二程集》,王孝鱼点校,中华书局 1981 年版。

［26］ ［宋］范仲淹:《范仲淹全集》,李勇先、王蓉贵校点,四川大学出版社 2007 年版。

［27］ ［宋］黄庭坚:《豫章黄先生文集》,《四部丛刊》本。

［28］ ［宋］姜夔:《白石诗词集》,夏承焘校辑,人民文学出版社 1998 年版。

［29］ ［宋］李昉等:《太平御览》,文渊阁《四库全书》本。

［30］ ［宋］欧阳修:《欧阳修全集》,中华书局 2001 年版。

［31］ ［宋］邵雍:《皇极经世》,文渊阁《四库全书》本。

［32］ ［宋］石介:《石徂徕集》,《丛书集成》本。

［33］ ［宋］苏轼:《苏轼文集》,孔凡礼点校,中华书局 1986 年版。

［34］ ［宋］王钦若等:《册府元龟》,中华书局 1960 年版。

［35］ ［宋］卫湜:《中庸集说》,杨少涵校理,漓江出版社 2011 年版。

［36］ ［宋］蔡沈:《书经集传》,中国书店 1985 年版。

［37］ ［宋］叶梦得:《石林燕语》,中华书局 1986 年版。

［38］ ［宋］叶绍翁:《四朝闻见录》,文渊阁《四库全书》本。

［39］ ［宋］张邦基:《墨庄漫录》,《四部丛刊》本。

［40］ ［宋］张载:《张载集》,张锡琛点校,中华书局 1978 年版。

［41］ ［宋］周敦颐:《周敦颐集》,中华书局 2009 年版。

［42］［宋］周敦颐:《周子全书》，文渊阁《四库全书》本。

［43］［宋］朱熹、［宋］吕祖谦:《近思录》，王华宝译注，三晋出版社
2008 年版。

［44］［宋］朱熹:《朱子全书》，上海古籍出版社、安徽教育出版社
2002 年版。

［45］［唐］白居易:《白氏长庆集》，《四部丛刊》本。

［46］［唐］皎然:《诗式校注》，李壮鹰校注，人民文学出版社 2003
年版。

［47］［唐］皎然:《诗学指南》，历代诗话本。

［48］［唐］孔颖达:《尚书正义》，北京大学出版社 2000 年版。

［49］［元］范德机:《木天禁语》，文渊阁《四库全书》本。

［50］［元］杨维桢:《东维子文集》，《四部丛刊》本。

［51］《二十四史》，中华书局 2000 年版。

［52］《管子》，《诸子集成》本。

［53］《国语》，胡文波校点，上海古籍出版社 2015 年版。

［54］《黄帝内经》，姚春鹏译注，中华书局 2010 年版。

［55］《老子》，李存山注译，中州古籍出版社 2008 年版。

［56］《礼记校注》，陈戍国校注，岳麓书社 2004 年版。

［57］《论语·大学·中庸》，李浴华、马银华译注，三晋出版社 2008
年版。

［58］《孟子》，王常则译注，三晋出版社 2008 年版。

［59］《墨子》,《诸子集成》本。

［60］《尚书》,顾迁注释,中州古籍出版社 2010 年版。

［61］《坛经》,梁归智译注,三晋出版社 2008 年版。

［62］《荀子》,安继民注释,中州古籍出版社 2008 年版。

［63］《周髀算经》,汲古阁宋抄本,民国二十年故宫博物院影印本。

［64］《周易》,余敦康解读,国家图书馆出版社 2017 年版。

［65］《庄子》,《诸子集成》本。

［66］程俊英:《诗经译注》,上海古籍出版社 2012 年版。

［67］大藏经刊行会:《大正藏》,新文丰出版社 1998 年版。

［68］顾颉刚、刘起釪:《尚书校释译论》,中华书局 2005 年版。

［69］李子燕:《人物志全译》,河北人民出版社 1995 年版。

［70］屈守元、常思春:《韩愈全集校注》,四川大学出版社 1996
年版。

［71］王明:《太平经合校》,中华书局 1960 年版。

［72］杨伯峻:《春秋左传注》,中华书局 1990 年版。

［73］杨伯峻:《论语译注》,中华书局 1980 年版。

二、近现代文献

近现代著作

［1］　白文刚:《中国古代政治传播研究》,中国社会科学出版社 2011
年版。

［2］　北京大学哲学系外国哲学史教研室:《西方哲学原著选读》,商

务印书馆 1981 年版。

　　[3]　车文博:《弗洛伊德主义原著选辑》, 辽宁人民出版社 1988
年版。

　　[4]　陈独秀:《独秀文存》, 亚东图书馆 1922 年版。

　　[5]　陈惠雄:《快乐论》, 西南财经大学出版社 1988 年版。

　　[6]　陈惠雄:《快乐原则——人类经济行为的分析》, 经济科学出版
社 2003 年版。

　　[7]　成中英:《中国哲学与中国文化》, 三民书局 1985 年版。

　　[8]　崔林:《媒介史》, 中国传媒大学出版社 2017 年版。

　　[9]　段鹏:《传播学基础: 历史、框架与外延》, 中国传媒大学出版
社 2020 年版。

　　[10]　范明生:《西方美学通史》, 上海文艺出版社 1999 年版。

　　[11]　方向明、周晓晶:《中国玉器通史》, 海天出版社 2014 年版。

　　[12]　傅斯年:《性命古训辨正》, 河北教育出版社 1996 年版。

　　[13]　戈公振:《中国报学史》, 岳麓书社 2011 年版。

　　[14]　葛承雍:《中国古代等级社会》, 陕西人民出版社 1992 年版。

　　[15]　关绍箕:《中国传播理论》, 正中书局 1994 年版。

　　[16]　关绍箕:《中国传播思想史》, 正中书局 2000 年版。

　　[17]　贺来:《辩证法的生存论基础——马克思辩证法的当代阐释》,
中国人民大学出版社 2004 年版。

　　[18]　胡戟:《中国古代礼仪》, 陕西人民出版社 1994 年版。

［19］ 胡适:《白话文学史》,岳麓书社 2010 年版。

［20］ 胡适:《胡适文存》,黄山书社 1996 年版。

［21］ 胡适:《四十自述》,中国文联出版社 1993 年版。

［22］ 胡正荣、段鹏、张磊:《传播学总论》,清华大学出版社 2008 年版。

［23］ 胡正荣:《传播学概论》,高等教育出版社 2017 年版。

［24］ 黄曼君:《毛泽东文艺思想与中国文艺实践》,华中师范大学出版社 2002 年版。

［25］ 李彬:《传播学引论》,新华出版社 2003 年版。

［26］ 李维武:《徐复观文集》,河北人民出版社 2002 年版。

［27］ 李泽厚、刘纲纪:《中国美学史》,中国社会科学出版社 1984 年版。

［28］ 李泽厚:《说巫史传统》,上海译文出版社 2012 年版。

［29］ 辽宁省文物考古研究所:《查海——新石器时代聚落遗址发掘报告》,文物出版社 2012 年版。

［30］ 刘海龙:《大众传播理论:范式与流派》,中国人民大学出版社 2008 年版。

［31］ 马建忠:《马氏文通》,商务印书馆 1998 年版。

［32］ 马叙伦:《说文解字六书疏证》,上海书店 1985 年版。

［33］ 毛泽东:《毛泽东选集》,人民出版社 1991 年版。

［34］ 毛泽东:《在延安文艺座谈会上的讲话》,人民出版社 1975

年版。

［35］ 牟宗三:《中国哲学的特质》,上海古籍出版社 1997 年版。

［36］ 潘祥辉:《华夏传播新探: 一种跨文化比较视角》,复旦大学出版社 2018 年版。

［37］ 钱穆:《论语新解》,联经出版社 1998 年版。

［38］ 邱伟杰:《美的人》,四川文艺出版社 2018 年版。

［39］ 邱伟杰:《普及美学原理》,四川文艺出版社 2019 年版。

［40］ 邱伟杰:《味的人》,四川文艺出版社 2019 年版。

［41］ 邵培仁:《华夏传播理论》,浙江大学出版社 2020 年版。

［42］ 宋兆麟:《中国风俗通史·原始社会卷》,上海文艺出版社 2001 年版。

［43］ 宋镇豪:《中国风俗通史·夏商卷》,上海文艺出版社 2001 年版。

［44］ 苏秉琦:《华人·龙的传人·中国人》,辽宁大学出版社 1994 年版。

［45］ 苏钥机:《传播学在中国——传播学者访谈》,北京广播学院出版社 1999 年版。

［46］ 孙焘:《中国美学通史》,江苏人民出版社 2014 年版。

［47］ 孙旭培:《华夏传播论: 中国传统文化中的传播》,人民出版社 1997 年版。

［48］ 王国维:《观堂集林》,河北教育出版社 2001 年版。

［49］ 王幼平:《中国远古人类文化的源流》,科学出版社 2005 年版。

［50］ 王运熙、顾易生:《中国文学批评通史》,上海古籍出版社 2011 年版。

［51］ 吴予敏:《无形的网络:从传播学角度看中国传统文化》,国际文化出版公司 1988 年版。

［52］ 吴致远:《技术的后现代阐释》,东北大学出版社 2007 年版。

［53］ 谢清果:《华夏传播学引论》,厦门大学出版社 2017 年版。

［54］ 谢清果:《华夏传播研究:媒介学的视角》,社会科学文献出版社 2019 年版。

［55］ 谢清果:《华夏文明与传播学本土化研究》,九州出版社 2017 年版。

［56］ 邢福义:《汉语语法学》,东北师范大学出版社 1996 年版。

［57］ 徐复观:《中国人性论史》,台湾商务印书馆 1969 年版。

［58］ 徐通锵:《语言论——语义型语言的结构原理和研究方法》,东北师范大学出版社 1997 年版。

［59］ 杨寿堪:《20 世纪西方哲学科学主义与人本主义》,北京师范大学出版社 2003 年版。

［60］ 叶朗:《中国美学通史》,江苏人民出版社 2014 年版。

［61］ 叶舒宪:《玉石神话信仰与华夏精神》,复旦大学出版 2019 年版。

［62］ 叶秀山、王树人:《西方哲学史》,江苏人民出版社 2005 年版。

［63］ 叶正渤、李永延:《商周青铜器铭文简论》,中国矿业大学出版

社 1998 年版。

[64] 张光直:《考古学专题六讲》,文物出版社 1986 年版。

[65] 张光直:《商文明》,辽宁教育出版社 2002 年版。

[66] 张广天:《玉孤志》,四川文艺出版社 2019 年版。

[67] 张国良:《传播学原理》,复旦大学出版社 2005 年版。

[68] 张世英:《哲学导论》,北京大学出版社 2002 年版。

[69] 张昭军:《章太炎讲国学》,东方出版社 2007 年版。

[70] 章炳麟:《章太炎的白话文》,辽宁教育出版社 2003 年版。

[71] 中共中央文献编辑委员会:《毛泽东著作选读》,人民出版社 1986 年版。

[72] 中国社会科学院考古研究所:《殷周金文集成》(修订增补本),中华书局 2007 年版。

[73] 周有光:《世界文字发展史》,上海教育出版社 2018 年版。

[74] 周长城等:《社会发展与生活质量》,中国社会科学出版社 2001 年版。

[75] 朱光潜:《西方美学史》,商务印书馆 2011 年版。

[76] 庄吉发:《萨满信仰的历史考察》,文史哲出版社 1996 年版。

外国著作

[1] [奥]弗洛伊德:《本能的冲动与成功》,文良文化编译,华文出版社 2004 年版。

[2] [奥]弗洛伊德:《弗洛伊德文集》,吕俊等译,长春出版社 1998

年版。

〔3〕　[奥]弗洛伊德:《论文明》,徐洋译,国际文化出版公司 2000
年版。

〔4〕　[奥]弗洛伊德:《文明及其不满》,杨韶刚译,华夏出版社 1999
年版。

〔5〕　[奥]弗洛伊德:《性学三论与论潜意识》,郑希付译,长春出版
社 2010 年版。

〔6〕　[奥]弗洛伊德:《自我与本我》,杨韶刚译,长春出版社 2004
年版。

〔7〕　[奥]米塞斯:《人类行为的经济学分析》,聂薇、裴艳丽译,广
东经济出版社 2010 年版。

〔8〕　[澳]贝尔伍德:《最早的农人:农业社会的起源》,陈洪波、谢
光茂译,上海古籍出版社 2020 年版。

〔9〕　[比]瑟维斯、[泰]玛丽考:《发展传播学》,张凌译,武汉大学
出版社 2014 年版。

〔10〕　[冰岛]佚名:《埃达》,石琴娥、斯文译,译林出版社 2000
年版。

〔11〕　[德]F.拉普:《技术哲学导论》,刘武等译,辽宁科学技术出版
社 1986 年版。

〔12〕　[德]鲍姆加登:《美学》,简明、王旭晓译,文化艺术出版社
1987 年版。

［13］［德］恩格斯:《劳动在从猿到人转变中的作用》,曹葆华、于光远译,人民出版社 1951 年版。

［14］［德］盖伦:《技术时代的人类心灵——工业社会的社会心理问题》,何兆武、何冰译,上海世纪出版集团 2008 年版。

［15］［德］哈贝马斯:《作为"意识形态"的技术和科学》,李黎译,学林出版社 1999 年版。

［16］［德］海德格尔:《海德格尔选集》,孙周兴译,上海三联书店 1996 年版。

［17］［德］海德格尔:《演讲与论文集》,孙周兴译,生活·读书·新知三联书店 2005 年版。

［18］［德］康德:《道德形而上学原理》,苗力田译,上海人民出版社 2002 年版。

［19］［德］罗萨:《新异化的诞生:社会加速批判理论大纲》,郑作彧译,上海人民出版社 2010 年版。

［20］［德］马克思:《1844 年经济学哲学手稿》,人民出版社 1983 年版。

［21］［德］马克思:《机器、自然力和科学的应用》,人民出版社 1975 年版。

［22］［德］马克思:《资本论》,人民出版社 1975 年版。

［23］［德］韦伯:《新教伦理与资本主义精神》,于晓、陈维纲等译,生活·读书·新知三联书店 1987 年版。

〔24〕［俄］车尔尼雪夫斯基:《美学论文选》，缪灵珠译，人民文学出版社 1957 年版。

〔25〕［俄］列宁:《哲学笔记》，人民出版社 1956 年版。

〔26〕［法］德布雷:《普通媒介学教程》，陈卫星、王杨译，清华大学出版社 2014 年版。

〔27〕［法］勒庞:《乌合之众》，冯克利译，中央编译出版社 2014 年版。

〔28〕［古希腊］亚里士多德:《形而上学》，苗力田译，中国人民大学出版社 2003 年版。

〔29〕［古希腊］亚里士多德:《修辞学》，罗念生译，上海人民出版社 2006 年版。

〔30〕［荷］盖叶尔、［荷］佐文:《社会控制论》，黎鸣等译，华夏出版社 1989 年版。

〔31〕［加］罗杰斯:《文字系统·语言学的方法》，孙亚楠译，商务印书馆 2016 年版。

〔32〕［加］麦克卢汉:《理解媒介》，何道宽译，译林出版社 2011 年版。

〔33〕［美］J.H. 布雷斯特德:《地中海的衰落》，马丽娟译，中国友谊出版社 2015 年版。

〔34〕［美］J. 贡克尔、［英］保罗·A. 泰勒《海德格尔论媒介》，吴江译，中国传媒大学出版社 2020 年版。

［35］［美］W.J.T. 米歇尔、［美］B.N. 汉森：《媒介研究批评术语集》，肖腊梅、胡晓华译，南京大学出版社 2019 年版。

［36］［美］埃利亚德：《神秘主义、巫术和社会风尚》，宋立道等译，光明日报出版社 1990 年版。

［37］［美］彼得斯：《对空言说：传播的观念史》，邓建国译，上海译文出版社 2017 年版。

［38］［美］彼得斯：《奇云：媒介即存有》，邓建国译，复旦大学出版社 2021 年版。

［39］［美］波兹曼：《技术垄断：文化向技术投降》，何道宽译，北京大学出版社 2007 年版。

［40］［美］波兹曼：《娱乐至死》，章燕、吴燕莛译，广西师范大学出版社 2011 年版。

［41］［美］德弗勒、［美］丹尼斯：《大众传播通论》，颜建军译，华夏出版社 1989 年版。

［42］［美］杜兰特：《世界文明史·理性开始的时代》，台湾幼狮文化译，华夏出版社 2010 年版。

［43］［美］菲德勒：《媒介形态的变化：认识新媒介》，明安香译，华夏出版社 2000 年版。

［44］［美］凯利：《科技想要什么》，熊祥译，中信出版社 2011 年版。

［45］［美］柯文：《在中国发现历史——中国中心观在美国的兴起》，林同奇译，中华书局 2002 年版。

［46］［美］罗杰斯:《传播学史：一种传记式的方法》，殷晓蓉译，上海译文出版社 2001 年版。

［47］［美］马尔库塞:《爱欲与文明：对弗洛伊德思想的哲学探讨》，黄勇、薛民译，上海译文出版社 2008 年版。

［48］［美］马尔库塞:《单向度的人》，刘继译，上海译文出版社 2006 年版。

［49］［美］莫滕森:《跨文化传播学：东方的视角》，关世杰、胡兴译，中国社会科学出版社 1999 年版。

［50］［美］施拉姆、［美］波特:《传播学概论》（第二版），何道宽译，中国人民大学出版社 2010 年版。

［51］［美］塔纳斯:《西方思想史》，吴象婴等译，上海社会科学院出版社 2007 年版。

［52］［美］梯利:《西方哲学史》，贾辰阳等译，光明日报出版社 2014 年版。

［53］［美］沃勒斯坦:《知识的不确定性》，王昺等译，山东大学出版社 2006 年版。

［54］［瑞士］格拉夫:《古代世界的巫术》，王伟译，华东师范大学出版社 2013 年版。

［55］［瑞士］索绪尔:《普通语言学教程》，高名凯译，商务印书馆 1980 年版。

［56］［苏］M·M·巴赫金，［苏］B·H·沃洛申诺夫:《弗洛伊德主义评

述》，汪浩译，辽宁出版社 1987 年版。

［57］［英］费尔克拉夫：《话语与社会变迁》，殷晓蓉译，华夏出版社 2003 年版。

［58］［英］霍克斯：《结构主义和符号学》，瞿铁鹏译，上海译文出版社 1997 年版。

［59］［英］约翰·曼：《改变西方世界的 26 个字母》，江正文译，生活·读书·新知三联书店 2007 年版。

［60］ Philip Babcock Gove. Webster's Third New International Dictionary. Merriam Webster，1976.

［61］ 中共中央马克思 恩格斯 列宁 斯大林著作编译局：《马克思恩格斯全集》，人民出版社 1979 年版。

［62］ 中共中央马克思 恩格斯 列宁 斯大林著作编译局：《马克思恩格斯文集》，人民出版社 2009 年版。

［63］ 中共中央马克思 恩格斯 列宁 斯大林著作编译局：《马克思恩格斯选集》，人民出版社 1972 年版。

论文

［1］ 陈力丹、宋晓雯、邵楠：《传播学面临的危机与出路》，《新闻记者》2016 年第 8 期。

［2］ 陈良运：《"美"起源于"味觉"辨正》，《文艺研究》2002 年第 4 期。

［3］ 陈梦家：《商代的神话与巫术》，《燕京学报》1936 年第 20 期。

［4］　党圣元:《先秦阴阳五行文化中的"和合"美学观念》,《西北大学学报》(哲学社会科学版) 2017 年第 6 期。

［5］　邓聪、邓学思:《新石器时代东北亚玉玦的传播——从俄罗斯滨海边疆地区鬼门洞遗址个案分析谈起》,《北方文物》2017 年第 3 期。

［6］　方惠、刘海龙:《2017 年中国的传播学研究》,《国际新闻界》2018 年第 1 期。

［7］　冯沂:《河南舞阳贾湖新石器时代遗址第二至六次发掘简报》,《文物》1989 年第 1 期。

［8］　郭大顺、张克举:《辽宁省喀左县东山嘴红山文化建筑群址发掘简报》,《文物》1984 年第 11 期。

［9］　胡翼青、张婧妍:《中国传播学 40 年: 基于学科化进程的反思》,《国际新闻界》2018 年第 1 期。

［10］　胡翼青:《中国传播学 40 年: 基于学科化进程的反思》,《国际新闻界》2018 年第 1 期。

［11］　贾军:《植物意象研究》,东北林业大学 2011 年博士论文。

［12］　李春阳:《白话文运动的危机》,中国艺术研究院 2009 年博士论文。

［13］　李恭笃:《辽宁凌源县三官甸子城子山遗址试掘报告》,《考古》1986 年第 6 期。

［14］　李零:《论幽公盨铭文发现的意义》,《中国历史文物》2002 年第 6 期。

［15］　李卯：《"率性之谓道"：〈中庸〉的古典生命哲学思想及其教育意蕴》，《湖南师范大学教育科学学报》2020 年第 1 期。

［16］　李醒民：《知识的三大部类：自然科学、社会科学和人文学科》，《学术界》2012 年第 8 期。

［17］　李学勤：《论豳公盨及其重要意义》，《中国历史文物》2002 年第 6 期。

［18］　梁碧、曾建平：《西方主客二分论的历史命运》，《求索》2004 年第 5 期。

［19］　梁鹏：《中国传播学的知识框架及知识地图绘制——基于传播学教材的内容分析》，南京大学 2016 年硕士毕业论文。

［20］　辽宁省文化考古研究所：《辽宁牛河梁红山文化"女神庙"与积石冢群发掘简报》，《文物》1986 年第 8 期。

［21］　刘海龙：《传播研究本土化的两个维度》，《现代传播》2011 年第 9 期。

［22］　刘海龙：《中国传播研究的史前史》，《新闻与传播研究》2014 年第 1 期。

［23］　刘海龙：《中国语境下"传播"概念的演变及意义》，《新闻与传播研究》2014 年第 8 期。

［24］　刘纪纲：《鲍姆加登之后关于美学的争论与看法》，《马克思主义美学研究》2000 年第 4 期。

［25］　刘雪梅：《论弗洛伊德本能压抑理论对社会文明失态的解读》，

《河南理工大学学报》(社会科学版) 2011 年第 7 期。

［26］　聂荣臻:《关于部队工作诸问题》,《晋察冀日报》1942 年 8 月 13 日。

［27］　庞朴:《阴阳五行探源》,《中国社会科学》1984 年第 3 期。

［28］　平婉菁、张明、付巧妹:《古 DNA 研究:洞察欧亚都不大陆人群历史》,《光明日报》2020 年 10 月 15 日。

［29］　邱伟杰、刘浩冰、燕之浩、金涛:《论普及美学与经济发展的关系》, http∶//www.51meixue.cn/archives/7224。

［30］　裘锡圭:《豳公盨铭文考释》,《中国历史文物》2002 年第 6 期。

［31］　孙显斌:《跨学科与跨文化:从海外汉学看国学或中国古典学的意义》,《国学季刊》2020 年第 4 期。

［32］　唐纳:《中国语写法拉丁化》,《社会月报》第 1 卷第 4 期,1934 年 9 月。

［33］　唐启翠:《玉圭如何"重述"中国——"圭命"神话与中国礼制话语建构》,《上海交通大学学报》(哲学社会科学版) 2019 年第 2 期。

［34］　汪玢玲:《东西方早期维纳斯比较研究》,《民间文学论坛》1987 年 3 期。

［35］　王培培:《浅析亚里士多德修辞学理论》,《宿州教育学院学报》2009 年第 2 期。

［36］　王怡红:《传播学发展 30 年历史阶段考察》,《新闻与传播研究》2009 年第 5 期。

〔37〕 吴荣生:《中国共产党群众语言的早期探索及时代价值》,《毛泽东邓小平理论研究》2020 年第 1 期。

〔38〕 吴予敏:《从零到一:中国传播思想史书写的回顾和展望》,《国际新闻界》2018 年第 1 期。

〔39〕 吴致远:《对福柯的又一种解读》,《哲学动态》2008 年第 6 期。

〔40〕 潇湘:《传播学本土化的选择、现状及未来发展》,《新闻与传播研究》1995 年第 4 期。

〔41〕 雄壮、方惠、刘海龙:《2016 年中国的传播学研究》,《国际新闻界》2017 年第 1 期。

〔42〕 薛立芳:《从甲骨文、金文安阴阳五行的兴起》,《兰台世界》2011 年第 10 期。

〔43〕 杨伯达:《史前玉神器探微》,《故宫博物院院刊》2013 年第 6 期。

〔44〕 余治平:《儒学之性情形而上学》,《哲学与文化》第 353 期。

〔45〕 张咏华:《中国传播学研究:迈向本土化／中国化过程的脉络——从 14 次中国传播学大会的角度》,《新闻记者》2019 年第 1 期。

〔46〕 郑洪春、穆海亭:《试论花园村遗址出土的兽骨刻划文字》,中国古文字研究会第七届年会论文。

〔47〕 周祥林:《梁漱溟乡村建设伦理思想与实践研究》,中南大学 2011 年博士论文。

〔48〕 朱凤瀚:《豳公盨铭文初释》,《中国历史文物》2002 年第 6 期。

［49］　朱玲:《双重阐释: 汉字 "美" 和中国人的美意识》,《福建师范大学学报》2003 年第 2 期。